rausgeblickt:
Pandemie und Gesellschaft

rausgeblickt:
Heinz Bude

*

Pandemie und Gesellschaft
Ein Gespräch über eine Zeitenwende

Herausgegeben von
Thomas Hartmann, Jochen Dahm und
Christian Krell

DIETZ

Bibliografische Information der Deutschen Nationalbibliothek
Die Deutsche Nationalbibliothek verzeichnet
diese Publikation in der Deutschen Nationalbibliografie;
detaillierte bibliografische Daten sind im Internet
über http://dnb.dnb.de abrufbar.

ISBN 978-3-8012-0608-8

Verlag J.H.W. Dietz Nachf. GmbH
Dreizehnmorgenweg 24, 53175 Bonn

Umschlag: Petra Bähner, Köln
Satz: Rohtext, Bonn
Druck und Verarbeitung: Eberl & Koesel, Krugzell

Printed in Germany 2021

Besuchen Sie uns im Internet: www.dietz-verlag.de

* rausgeblickt *

Thomas Hartmann und Jochen Dahm

Wir sind verwundbarer, als wir geglaubt hatten. Die Corona-Pandemie hat das schonungslos offen gelegt. Sie wirkt wie ein Treiber für die strukturellen Probleme der Gegenwart, für die Ungerechtigkeiten und Widersprüche in unserer Art zu leben und zu wirtschaften.

Neben der Bedrohung durch Krankheit und Tod, hat sich auch der Alltag der Menschen grundlegend verändert. Manche profitieren von neuer Flexibilität im Homeoffice. Viele aber haben die Schutzmaßnahmen an wirtschaftliche und psychologische Belastungsgrenzen gebracht. Freiheiten, die bislang selbstverständlich waren, wurden eingeschränkt – im Alltag und an Grenzen.

Falschmeldungen und Verschwörungsmythen verbreiten sich rasant. In der Krise gab es Hamsterkäufe, aber auch neue Formen gelebter Solidarität durch gesellschaftliches Engagement und Nachbarschaftshilfe. Das Vertrauen in den Staat und das Bewusstsein für die Notwendigkeit öffentlicher Regulierung wurde gestärkt. Jede Krise kann daher auch eine Chance für Veränderung sein. Sie schärft den Blick für das, was wesentlich ist. Sie kann den Anstoß geben, nicht nur im Krisenmodus aktuelle, sondern auch strukturelle Probleme nachhaltig anzugehen: etwa im Bildungssystem, auf dem Arbeitsmarkt, im Gefüge der demokratischen Institutionen, in der Klimapolitik oder im internationalen Handelssystem; zwischen den Geschlechtern, Arm und Reich, Jung und Alt.

In der Reihe »rausgeblickt« sprechen wir mit herausragenden Gästen aus Wissenschaft, Politik und Zivilgesellschaft darüber, wie sich unsere Demokratie, die Gesellschaft und die Wirtschaft künftig gerechter und solidarischer gestalten lassen. Die Krise ist der Ausgangspunkt, um alte und neue Missstände zu diskutieren, die Widersprüche des modernen Kapitalismus und unsere eigene Haltung zu hinterfragen – dabei aber den Blick stets nach vorne gerichtet.

Mit der Transformationsforscherin **Maja Göpel** sprechen wir über den Klimaschutz als effektivste Form der Pandemie-Vorsorge und über die Grundlagen einer nachhaltigen Welt. Starökonom **Thomas Piketty** diskutiert in dieser Reihe über die Auswirkungen der Pandemie auf die wachsende Ungleichheit und die Überwindung der Ideologie des Kapitals. Die Journalistin **Teresa Bücker** sieht Frauen durch die Krise ungleich härter getroffen. Sie entwirft hier ihre Vision einer feministischen Zukunft. Nach dem Kultursoziologen **Andreas Reckwitz** könnte die aktuelle Entwicklung sogar zu einer Neuerfindung von Staat und Gesellschaft führen. Er plädiert für einen einbettenden Liberalismus. Die Politikwissenschaftlerin **Gesine Schwan** denkt in unserem Gespräch über den Zusammenhalt und die Renaissance des Solidaritätsbegriffs in der Krise nach. Sie nimmt insbesondere progressive Akteure in die Pflicht, Brücken zwischen den unterschiedlichen gesellschaftlichen Gruppen zu bauen. Für die politische Philosophin **Lisa Herzog** bleibt die Arbeit ein zentraler Bestandteil der Gesellschaft, ein Ort, an dem sich Menschen begegnen. Sie macht konkrete Vorschläge für eine demokratischere Arbeitswelt. Und der Wirtschaftsnobelpreisträger **Joseph Stiglitz** denkt in der Reihe über die Leitplanken einer gerechteren Weltwirtschaft nach. Er macht klar, dass nur mehr und nicht weniger globale Kooperation die Wirtschaft in jedem Land wiederbeleben kann.

Im vorliegenden Band spricht **Christian Krell** mit dem Soziologen **Heinz Bude.** Dieser sieht neues Potenzial für eine solidarischere Gesellschaft und betont zugleich die wachsende Bedeutung des schützenden Staates.

*

Mein Name ist Christian Krell und ich freue mich den herausragenden Soziologen Heinz Bude als Gast zu haben. Unser Anliegen ist es, die Zeit nach Corona zu vermessen. Wir gehen davon aus, dass diese Krise nicht alles verändert, aber dass sie doch ihre Spuren in unseren Gesellschaften hinterlassen wird. Es liegt in unserer Hand, ob wir gestärkt aus dieser Krise herausgehen und vielleicht in einer besseren Gesellschaft ankommen oder ob sie unsere Lebenssituation verschlechtert.

Heinz Bude ist in Kassel als Professor für Makrosoziologie tätig. Er wirkt nicht nur in einem engen, wissenschaftlichen Kreis, sondern als

Public Intellectual, leistet immer wieder öffentliche Debattenbeiträge und ist ein gefragter Gesprächspartner. Wir sprechen über Solidarität; wie es grundsätzlich um sie steht und was die Krise mit ihr macht. Herr Bude, wie sind Ihre Erfahrungen in den letzten Wochen und Monaten gewesen, was hat sich verändert bei Ihnen?

* **Bude** *

Für mich war Corona eigentlich eine Zeit intensiver Befassung mit Gesellschaft. Meine Frau und ich haben beschlossen, kaum Leute zu treffen, und uns langsam an die Situation herangetastet. Dabei hat man diese Vorsicht im Umgang miteinander erlebt, auch die Vorsicht dabei, anderen zu helfen, ohne ihnen zu nahe zu treten, und das war eine sehr schöne Erfahrung, muss ich sagen.

Ich habe Anfang März einen Anruf von Markus Kerber, dem Staatssekretär im Innenministerium, bekommen, und der fragte mich, ob ich an einer Gruppe teilnehmen wolle, die sich mit der Frage der Eindämmung des Virus befasst.

Es sollte nicht nur darum gehen, im Lehnstuhl zu sitzen und zu überlegen, was so alles sein könne, sondern auch darum, Vorstellungen zu entwickeln, die eine gewisse operative Sensibilität haben, das heißt, mit denen man etwas anfangen kann. Das war eine ziemlich intensive Zeit – das ging übrigens nicht per Zoom, sondern wie früher, als Telefonkonferenz. Wir haben die verschiedenen Länder sehr systematisch verglichen, zum Beispiel Taiwan, Südkorea, China und auch Italien, speziell Bergamo, um zu sehen, wie die Situationen vor Ort sind und wie wir das auf die deutsche Situation beziehen können. Wir haben versucht herauszufinden, was die Eindämmung von Covid-19 bedeutet und wie man sie durchführen kann. Uns war allen sehr schnell klar, dass es jetzt nicht mehr so sein wird, wie bei der Finanzkrise 2009, wo man im Grunde die eine Stellschraube »Politik« anwenden konnte. Man wusste relativ genau, wo man wie geldpolitisch arbeiten musste. Man wusste auch relativ genau, wie man einen Konsens herstellen konnte, auch zum Kurzarbeitergeld, und dass die Einbeziehung der Gewerkschaften sehr wichtig ist. Die große Herausforderung jetzt war, wie wir das Verhalten der Menschen direkt verändern können. Es geht nicht mehr darum, nur institutionelle Entscheidungen zu treffen und durch staatliches Handeln Gelegenheiten bereitzustellen, sondern wirklich auf das Handeln selbst zuzugreifen.

» Du schützt dich, indem du andere schützt. Diese Idee ist sozusagen der Basismechanismus von Solidarität.

Die erste wichtige Erkenntnis war, dass wir das nicht nach dem Modell einer anweisenden Politik erreichen können, wie es in China gelaufen ist, und wir können auch nicht auf ein Krisenbewältigungsmodell zurückgreifen, wie das teilweise in Taiwan und Südkorea der Fall war. Sondern wir mussten uns überlegen, wie wir jedes Gesellschaftsmitglied als einzelne Person ansprechen können und wie man Verhaltensveränderungen hervorrufen kann oder doch zumindest die Legitimität für Verhaltensveränderung schaffen kann.

Die zweite Erkenntnis war, dass man gleichzeitig im Hintergrund ein Kollektiv konstruieren musste. Also auf der einen Seite die individuellen Personen ansprechen und auf der anderen Seite die kollektive Bewährungsprobe in den Vordergrund stellen. Wir fanden diese Idee, die von dem amerikanischen Wissenschaftsjournalisten Tomas Pueyo *Hammer and Dance* genannt wird, eine gute Formel für das, was wir jetzt brauchen. Sie besagt, dass wir erst hart durchgreifen, den Hammer schwingen, und dann langsam versuchen, die Gesellschaften wieder ins Tanzen zu bringen. Doch wie kann man so etwas durchsetzen, wie begründen? Wir haben uns auch die schwedische Strategie genau angeschaut und haben überlegt, was es eigentlich bedeuten würde, wenn man eine Herdenimmunisierungsstrategie fährt.

Wie lange dauert das, wie viele Tote muss man in Kauf nehmen? Als dann ziemlich schnell eine Entscheidung fällig war, haben wir uns in einer Vorlage für das Corona-Kabinett dafür ausgesprochen, dass das kein machbarer Weg ist. Wir haben geschätzt, dass so eine Strategie etwa 600.000 Tote mit sich gebracht hätte und sich anderthalb, vielleicht zwei Jahre hinziehen würde. Das war eine sehr wichtige Erkenntnis und Entscheidung, diesen Weg nicht zu gehen und zu wissen, dass dies auch kein Weg ist, für den politische Führungspersonen die Verantwortung übernehmen können. Mein Part war dann, sich darüber Gedanken zu machen, was wir eigentlich zu erwarten haben. Wir haben uns eine Ansprechstrategie zu individueller Verantwortung überlegt: Du schützt dich, indem du andere schützt. Diese Idee ist sozusagen der Basismechanismus von Solidarität. Also aus der Rolle des anderen heraus, sein eigenes Verhalten zu orientieren. Das war alles ziemlich zu Anfang, und es war sehr interessant zu sehen, wie die einzelnen Dinge, mit denen wir gerechnet haben, dann auch eingetreten sind. An dem Punkt gab es auch schon die Überlegung, dass es eine Art Isolation geben müsste, aber auch schon die Gedanken dazu, dass Isolation nicht auf Dauer funktionieren kann, da Menschen nur begrenzt ohne soziale Kontakte sein können und irgendwann dieser Kontaktbeschränkungen müde werden. Das Zweite, das wir auch erwartet haben, sind Überlastungsreaktionen, vielleicht sogar Überlastungspanik. Das gab es teilweise in den Familien, was auch relativ klar war, wenn man versucht, das Infektionsgeschehen zu kontrollieren, Homeschooling zu betreiben und im Homeoffice zu arbeiten. Wir haben auch vorausgesehen, dass diese Überlastungen nicht so einfach nach sozialen Kategorien sortiert werden können, sondern dass es sicherlich auch bildungsreiche Familien geben würde, die relativ gut ausgestattet sind, auch finanziell, die damit nicht richtig zurande kommen würden.

Drittens haben wir erwartet, dass das Hauptproblem die Öffnung sein würde, also dass es ein sehr komplizierter Prozess sein wird, die Verhältnisse wieder zu normalisieren. Das wird mit der Erfahrung von Leistungsfrustration verbunden sein, denn es gibt Menschen in der Gesellschaft, die Zukunftsperspektiven für die nächsten Jahre haben, was den Kauf einer Immobilie, was die Ausbildung ihrer Kinder betrifft. Das betrifft genauso die Planung von Unternehmern oder Menschen, die in Forschungs- oder Entwicklungsabteilungen arbeiten. Diese Leute sind im Grunde frustriert darüber, dass sie sich jetzt Verhältnissen beugen müssen, die sie nicht mehr beeinflussen können.

Ich glaube, diese Leistungsfrustration ist im Augenblick ein massives Problem, das ist eine Frustration, die auch zum Teil Hassgefühle und systemaversive Tendenzen bestärken wird, und es ist außerordentlich schwer, dafür eine politische Ansprechstrategie zu finden. Vor allem die Bundeskanzlerin war sehr davon angetan, an die innere Verantwortung zu appellieren, zu sagen, dass es in einer freiheitlichen Gesellschaft gar nicht anders geht, als die einzelnen Personen anzusprechen. Sie hatte schon ein bisschen mehr Schwierigkeiten mit der Idee einer kollektiven Bewährungssituation und war vorsichtiger mit dem »Wir schaffen das!«. Am Anfang hat das ja auch sehr gut funktioniert, aber es ist schwieriger, alles wieder ans Laufen zu bekommen und diese Strategie zu rechtfertigen, wenn rückblickend zum Beispiel gar nicht alle Intensivbetten ausgelastet waren. Dann wird der Erfolg der Strategie gleichzeitig das eigene Rechtfertigungsproblem.

Es gab ja verschiedene Herangehensweisen, diese Problematik politisch zu beantworten. Der bayerische Ministerpräsident Markus Söder hat eine andere Strategie eingeschlagen als Armin Laschet in Nordrhein-Westfalen, und die Bundeskanzlerin hat es etwas anders gemacht als der Erste Bürgermeister in Hamburg. Das ist eine interessante Situation gewesen, da in den Bundesländern unterschiedliche Stile der Ansprache und auch unterschiedliche Vorgaben, wie eigentlich die Verantwortungskommunikation des führenden Personals gegenüber den Leuten sein solle, genutzt wurden.

» Diese Leute sind im Grunde frustriert darüber, dass sie sich jetzt Verhältnissen beugen müssen, die sie nicht mehr beeinflussen können.

In dem Zusammenhang gab es eine Frage, mit der ich mich seit dem Anfang sehr stark beschäftigt habe: Wie können wir einen Staat neu denken, vor dem man sich nicht fürchten muss? Denn die zentrale Erkenntnis ist meiner Meinung nach, dass die meisten in unserer Gesellschaft gemerkt haben, dass wir diese Situation in Deutschland nur einigermaßen gut bewältigen konnten, weil wir einen relativ gut funktionierenden Staat haben. Gesellschaften, in denen der Staat nicht so gut funktioniert, ist es schlechter ergangen.

Ich glaube, es ist eine untergründige Kollektiverkenntnis gewesen, dass es so etwas wie die Staatsbedürftigkeit der Gesellschaft gibt. Gerade in solchen Situationen. Und damit sind wir schon mittendrin in unserem Thema, denn das ist ja eine Erkenntnis, die einen mit einem Schlag von aller neoliberaler Staatsverachtung oder gar von Staatsphobien wegbringt. Es ist auch nicht so sehr die Staatsfurcht, die die Leute in diesen merkwürdigen, unangenehmen, gefährlichen Querallianzen heute auf die Straße treibt. Sondern es ist irgendwie eine Mischung aus autoritären Sehnsüchten und Freiheitsfantasien, die mit der Frage des Staates, von dem man auch abhängig ist, gar nicht so einfach in Einklang zu bringen ist. Aber was bedeutet eigentlich staatliches Handeln und was bedeutet die Krise für dieses Handeln, in der Zukunft? Gibt es nicht auch eine Verbindung zwischen staatlichem Handeln und gesellschaftlicher Solidarität?

*** Krell ***

Ich finde das hoch spannend, was Sie dargestellt haben, weil es unsere sehr konkrete Situation mit ganz grundsätzlichen Fragen in Verbindung bringt. Zum Beispiel mit der Frage der Grundmechanismen von Solidarität. Worüber reden wir eigentlich, wenn wir über Solidarität sprechen? Wir haben über das Individuum und das Kollektiv gesprochen, über komplizierte Wechselbeziehungen, das Gefühl von wechselseitiger Verbundenheit. Was würden Sie sagen, ist eigentlich Solidarität? Ist es ein Zugehörigkeitsgefühl, das Gefühl, der andere ist mir nicht egal; ist es ein Handlungsprinzip; ist es vielleicht ein religiöses Muster?

*** Bude ***

Einer der ganz großen Theoretiker der Solidarität ist natürlich Marx. Und für Marx ist sehr wichtig, dass Solidarität eigentlich immer Kampfsolidarität ist. Der Urgrund der Solidarität ist die Erfahrung gemeinsamer Ausbeutung und Unterdrückung, und die Gruppe, die die Unterdrückung und Ausbeutung besonders massiv über sich ergehen lassen muss, wird schauen, dass sie sich mit anderen zusammenfindet, um eine Gegenkraft aufzubauen. Marx war der Meinung, dass das alles in der Fabrik passiert. Die Fabrik ist die Schule der Solidarität, weil das der Ort von Ausbeutung und Unterdrückung ist. Es ist deshalb so wichtig, sich die Fabrik-Sozialisation als Kern der Solidaritätserfahrung vor Augen zu führen, weil in der modernen, industriellen Fabrik, die Marx auch vor Augen hatte, Menschen ganz unterschiedlicher Herkunft, mit ganz unterschiedlichen Lebensgeschichten, in eine Position zusammengebracht werden, nämlich die des abhängig Beschäftigten – die proletarische Position, in der sie die Erfahrungen machen, dass ein Teil der Werte, die sie produzieren, abgezwackt wird. Das ist die Logik der Ausbeutung. Man kriegt nicht die Werte zur Verfügung, die man selbst herstellt. Dadurch entsteht nach Marx die gemeinsame Erfahrung des Widerstandes gegen die Unterdrückung, und so entsteht dann die Erfahrung von Solidarität. Diese erlebte Solidarität wird dann auch jenseits der Fabriken eine universelle Erfahrung, für alle, die im Kapitalismus leben, in der Entdeckung und dem Experimentieren mit einer neuen Kollektivität. Soweit nach Marx.

Die erste Erkenntnis dazu für mich ist, dass das heute nicht mehr funktioniert. Ganz einfach, weil nur noch die allerwenigsten in einer Fabrik arbeiten. Die meisten Beschäftigten heute, das nennt man dienstleistungsgesellschaftliche Struktur oder Tertiärisierung, arbeiten im Büro. Und im Büro die Erfahrung gemeinsamer Ausbeutung und Unterdrückung zu machen, ist sehr viel schwieriger als in der Fabrik. Die Büro-Sozialisation ist etwas grundsätzlich anderes als die Fabrik-Sozialisation. Die Büro-Sozialisation isoliert tendenziell den Einzelnen mehr, was es sehr viel schwieriger macht, eine solidarische Bewegung in Gang zu setzen, vor allem über einzelne Büros hinaus. Man ist sich örtlich näher, aber gleichzeitig persönlich ferner als in der Fabrik. Der Solidaritätstheoretiker Émile Durkheim, der dem sozialdemokratischen Denken sehr nahesteht, obwohl er eigentlich ein konservativer Soziologe war, vertritt die Vorstellung, dass Solidarität noch viel grundlegender ist als die Erfahrung von Fabrik-Sozialisation, sondern dass Solidarität die Grundlage von Freiheit und Gleichheit ist. Die Erfahrung der industriellen Gesellschaft ist nicht so sehr primär die Erfahrung von Ausbeutung und Unterdrückung, sondern die Erfahrung der Arbeitsteilung. Und die Erfahrung der Arbeitsteilung stiftet Solidarität dadurch, dass die Menschen sich in ihrer Bezogenheit aufeinander, im System einer differenzierten Arbeitsteilung erleben und da auch ihre gemeinsame Macht spüren, nämlich als diejenigen, die unverzichtbar an allen Punkten sind, damit eine gemeinsame Werterzeugung gesellschaftlich zustande kommen kann. Also die Durchdringung der Gesellschaft durch die Erfahrung wechselseitiger Abhängigkeit in der wirtschaftlichen Arbeitsteilung. Doch ich glaube, auch das geht nicht weiter, weil, wie Durkheim schon bemerkt hat, das eine Art von sehr abstrakter Erkenntnis ist, die nur dann zu Solidarität wird, wenn sie in den Berufsgruppen unterschiedlich interpretiert wird, und er erkannte schon, dass die Solidarität der Kaufleute eine andere ist als die Solidarität der Fabrikarbeiter. Und die Fabrikarbeiter haben noch mal eine andere Solidarität als die klassischen Professionen, also die Ärzte oder Rechtsanwälte. Und diese Vielfalt von Solidaritäten ist die Situation, die wir gerade haben, wenn man von Durkheim her denkt. Daraus eine Gesamtheit zu konstruieren, ist sehr schwierig. So, lange Rede, kurzer Sinn, diese beiden Wege zur Solidarität funktionieren in unserer heutigen Gesellschaft nicht mehr.

» Das ist die Grundidee, dass die Begründung von Solidarität heute mit dem Begriff und der Erfahrung von Verwundbarkeit geschehen muss.

Gibt es da jetzt einen Ausweg aus dieser Situation? Ich glaube ja, und für mich spielt da der Denker Albert Camus eine große Rolle. Für

Camus war es wichtig gewesen, über Solidarität nachzudenken, angesichts der Problematik von zwei Systementwürfen, die ihm nicht mehr eingeleuchtet haben. Nämlich dem kapitalistischen und dem kollektiv-sozialistischen Weg, der für ihn in den Stalinismus geführt hat. Man könnte sagen, Camus ist ein antitotalitärer Denker und sein Buch *Der Mensch in der Revolte* ist eines der großen antitotalitären Bücher des 20. Jahrhunderts. Von diesem Buch geht ein Denkbild aus, nach dem wir Solidarität nur noch *nach* dem Neoliberalismus denken können und nicht mehr von Erfahrungen ausgehen, die davor liegen. Es gibt viele Kolleginnen und Kollegen heute, die wieder zurück zu einem Denken vor dem Neoliberalismus wollen. Sie meinen, wir müssten die Fabrik-Solidarität wieder aufleben lassen, predigen wieder die Solidarität der Konsumvereine und der Baugenossenschaften. Das ist alles ein interessanter Gedanke, und auch der Genossenschaftsgedanke ist sehr wichtig, aber trotzdem glaube ich, dass dies alles kontaminierte, gesellschaftliche und historische Reminiszenzen sind. Die Jüngeren können sich diese Ideen aus der Vergangenheit schon gar nicht mehr richtig vorstellen. Wir können nicht vor den Neoliberalismus zurück, sondern können nur *nach* dem Neoliberalismus nach vorne schauen. Die Revolution des Ichs charakterisiert den Neoliberalismus, der uns jetzt schon fast 50 Jahre begleitet. Nicht nur die Kollektivkräfte animieren, nicht nur die gusseisernen Strukturen der Gesellschaft führen uns, sondern auch die einzelne Person kann etwas bewirken. Einzelne können die Welt verändern, Garagenunternehmertum, die Virtuosen der zivilgesellschaftlichen Aufbrüche, die Graswurzelbewegungen.

Also eine Revolution des Ichs, die im Grunde in der Vorstellung gipfelt, dass eine gute Gesellschaft eine Gesellschaft starker Einzelner ist. Und dass Politik nichts anderes tun soll, als die Einzelnen in die Möglichkeit zu versetzen, ihre Stärke zu entwickeln. Das war die Idee. Durch Bildung, durch Zuerkennung von Beteiligungsrechten.

In gewisser Weise konnte man damit ein sozialdemokratisches Programm durchdeklinieren. Tony Blair hat es getan, Bill Clinton hat es getan, Gerhard Schröder hat es getan. Also drei wichtige Figuren der globalen Sozialdemokratie, die extrem erfolgreich gewesen sind und wiedergewählt wurden.

Damit komme ich zu Camus zurück, denn der Begriff der Solidarität, der uns Zukunft bringt, ist einer, der durch das Nadelöhr des Ichs gehen muss. Hier ist wieder Corona sehr wichtig: Das ist die Erfahrung der allgemeinen Verwundbarkeit. Die Verwundbarkeit jeder einzelnen Person. Also die Vorstellung: Nein, auch wenn ich noch so schlau bin und noch so reich bin und noch so gebildet bin, ich werde mich alleine nicht retten können. Positiv, du bist eben niemals alleine. Das ist die Grundidee, die ich habe, dass die Begründung von Solidarität heute mit dem Begriff und der Erfahrung von Verwundbarkeit geschehen muss. Mit diesem Motiv kann man andere semantische Welten in den Solidaritätsbegriff hineinbringen.

Zur Erfahrung von Solidarität gehört auch Wechselseitigkeit, Reziprozität. Das bedeutet, Solidarität heißt nicht: »Ich helfe den Armen«, sondern: »Wir helfen uns gegenseitig auf Augenhöhe.«

» Freundschaft ist eine selbst gewählte Abhängigkeit, und daraus entsteht die Idee, dass eine solidarische Gesellschaft zentral aus Menschen besteht, die Abhängigkeit nicht fürchten, sondern Abhängigkeit als Bereicherung hinnehmen.

Das Zweite aber, was sehr wichtig ist bei Solidarität, ist, dass man – wenn man solidarisch ist – nicht darauf hoffen darf, dass man es mit gleicher Münze zurückbekommt. In anderen Worten, Solidarität hat etwas mit Großzügigkeit zu tun, auch weil die Großzügigkeit die einzige Möglichkeit ist, mit Verwundbarkeit umzugehen. Verwundbarkeit und Großzügigkeit gehören also zusammen und sind zwei Elemente einer Grunderfahrung.

Das Dritte, was in diesem Zusammenhang sehr wichtig ist, ist gleichzeitig auch das, was am meisten Probleme macht. Man kann auch mit Menschen solidarisch sein, die man nicht mag oder die man nicht kennt und die einem fremd vorkommen. Nicht weil es eine ethische Aufforderung gibt, Solidarität mit Fremden zu üben, sondern weil Solidarität auch etwas mit einer gemeinsamen Erfahrung von Welt zu tun hat, die uns zusammenfügt. Da ist wieder Albert Camus wichtig, denn derjenige, der solidarisch sein möchte, muss eigentlich ein Vertrauen in die Welt haben. Wenn Sie vor der Welt Angst haben, wenn Sie immer das Gefühl haben, zu kurz zu kommen, dass man immer aufpassen muss, nicht irgendwie der Letzte in der Reihe zu sein, dann glaube ich, fällt es schwer solidarisch zu sein. Aber irgendwann wird man etwas von der Solidarität zurückbekommen. Und das ist dann die Idee aus dem Buch *Die Pest* von Camus, das ist auch die Idee, die während Corona wichtig ist: Manchmal muss man solidarisch sein, auch wenn es einem selbst überhaupt nichts nützt.

*** Krell ***

Das ist in gewisser Weise zugleich eine pessimistische Note und eine optimistische. Ihre Analyse ist, dass wir Möglichkeiten zu Solidarität unter neuen Bedingungen haben und dass wir vom Ich ausgehen müssen, denn diese Erfahrung von individueller Verwundbarkeit schafft eine Grundlage für eine neue Solidarität. Wird diese jetzt durch Corona verstärkt? Ist dieses Gefühl von gemeinsamer Betroffenheit und gemeinsamer Verwundbarkeit jetzt etwas, dass das solidarische Handeln befördert? Wir haben am Anfang der Krise gesehen, dass Motive, die wir grob als solidarisch zusammenfassen können, angestiegen sind. Initiativen und Spendenbereitschaft zum Beispiel. Jetzt hat man den Eindruck, das bröckelt so ein bisschen.

*** Bude ***

Ja, das bröckelt sehr.

Ich glaube es ist wichtig, sich noch mal klar zu machen, dass es unterschiedliche, solidarische Gefährdungen gibt. Das Bewusstsein für die eigene Gefahr und die Gefahr, die man für andere darstellt, hat sich seit dem Beginn sehr stark verändert.

Diese körpernahen Erfahrungen von Verwundbarkeit und auch Gefährdungsfähigkeit von anderen, haben den Leuten die Sprache verschlagen. Wir haben in der Gruppe sehr viel darüber diskutiert, wie man damit umgehen sollte, weil man den Leuten Isolation nicht auf Dauer zumuten kann. Wir müssen auch die Möglichkeiten schaffen, dass sich zum Beispiel mehrere Familien zusammentun und schauen können, dass sie ihre Kinder zusammenhalten und zusammen beaufsichtigen. Man richtet also eine Art Infektionsschutz auf der Ebene einer sorgenden Gemeinschaft ein und versucht so, Praktiken von Sorge der Gemeinschaftlichkeit auszuprobieren. Ich glaube, das ist in der

Gesellschaft auf viel Anklang gestoßen. Interessant war auch, dass man zu Beginn gar nicht genau wusste, wie man solidarisch sein kann. Was kann man sich eigentlich selbst zumuten und was nicht? Wie viel Solidarität muss ich eigentlich mit der Oma zeigen? Sagt man eher, man darf nicht zur eigenen Oma, um sie nicht anzustecken, oder kann man vielleicht irgendwann mal sagen, man übernimmt jetzt das Risiko, weil die Oma vielleicht nur noch ein halbes Jahr lebt und man möchte sie vorher noch einmal sehen. Was bedeutet es füreinander zu sorgen, was bedeutet es, solidarisch zu sein? Das sind die Fragen, die durch die Gesellschaft gegangen sind. Ein Experimentalismus des Solidarischen, und zwar im Sinne ganz konkreter, lebenspraktischer Dinge.

Das, was viele Leute aufregt, ist ein anderes Problem. Und zwar die Staatsbedürftigkeit. Man erkennt plötzlich wieder, dass man vom Staat abhängig ist, und in den letzten 40, 50 Jahren wurde der Staat immer als dieser Koloss dargestellt, der uns im Zweifel alles wegnimmt, viel zu viele Steuern erhebt, nie was zurückgibt und so weiter. Ich glaube, deswegen ist die Situation, in der wir uns befinden, so schwierig.

» Es ist irgendwie eine Mischung aus autoritären Sehnsüchten und Freiheitsfantasien, die mit der Frage des Staates, von dem man auch abhängig ist, gar nicht so einfach in Einklang zu bringen ist.

Es ist also eine wichtige politische Frage im Moment, wie man dieses praktisch solidarische Handeln mit der Vorstellung verbinden kann, dass wir neu über den Staat nachdenken müssen und ihm vielleicht auch neues Gewicht geben sollten. Gerade auch im sozialdemokratischen Denken. Was heißt es eigentlich, dem Staat wieder mehr Recht einzuräumen?

Wir haben in den letzten Monaten erkannt, dass sich der Staat, wenn er will, in einem Maße verschulden kann, das wir uns selbst 2008 nicht hätten vorstellen können. Sogar die Bundeskanzlerin ist über ihren Schatten gesprungen und hat sich für die Vergemeinschaftung der Schulden innerhalb der EU eingesetzt. Das ist ein wirklich bedeutender Vorgang, der jetzt stattgefunden hat, die Verschuldung zusammen mit dem Glauben an unsere Zukunft, also der Wille, wahnsinnig viel Geld auszugeben, um die Sache in den Griff zu kriegen. Das funktioniert aber nur, wenn wir uns gemeinsam als ein Kollektiv sehen und auf ein Rückzahlungsversprechen einigen. Und dieses Rückzahlungsversprechen ist unsere wirtschaftliche und gesellschaftliche Kraft, die wir einbringen können, indem wir nach vorne gehen und uns eine Zukunft erlauben, in der wir dann für diese Schulden eintreten als diejenigen, die gemeinsam diesen Kredit für uns aufgenommen haben. Das ist deshalb so wichtig, weil es hier nicht um die Abschiebung von Schulden auf die nächsten Generationen geht, sondern darum, Zukunft zu öffnen. Der Staat, um den es hier geht, ist nicht der Aufräumerstaat, der versucht mit etwas Geld Lücken in der gerechten Verteilung zu stopfen, sondern ein investierender Staat, der mit der Bereitschaft, Schulden aufzunehmen, nach vorne geht und für die Zukunft einsteht. Es gibt ein Neuaufleben des Keynesianismus, eine neue Art und Weise, über Keynes nachzudenken, die ich interessant finde, da Keynes meines Erachtens der viel wichtigere Ökonom für die Sozialdemokratie ist als Marx. Ein Keynesianismus, der nicht nur Probleme für die löst, die nicht so gut mitkommen, und nicht nur konsumtiven Ausgleich schafft, sondern der den Staat als einen investiven Öffner von Türen einsetzt. Das ist eine Wandlung, die manchen noch Angst macht.

Nun sollten wir uns aber nicht zu viel vornehmen, wir haben schon zu viel versprochen, was die Bekämpfung des Klimawandels angeht, in dem wir stecken. Ich glaube, dass ist das Problem, bei dem der Finanzminister ein bisschen aufpassen muss, nicht zu suggerieren, dass wir mit diesem gemeinsamen Geld-in-die-Hand

-Nehmen auch ein ungeheureres Versprechen gegeben haben. Es geht nur darum, dass wir uns gemeinsam eine Zukunft zutrauen.

Aber wie sieht diese Zukunft eigentlich aus? Was wird der neue Kern der deutschen Wertschöpfung sein, wenn das Automobil-Cluster an Bedeutung verliert? Welche Investitionen müssen wir dazu tätigen?

Ich glaube, für diesen Wandel brauchen wir einen gegenwartsangemessenen Solidaritätsbegriff, einen, der fordernd ist. Darüber die Verbindung zu schaffen zu der neuen Rolle des Staates, ist eine wunderbare Aufgabe, die der Sozialdemokratie zu neuer Kraft verhelfen könnte. Was heißt Solidarität in der Erfahrung der Staatsbedürftigkeit der Zivilgesellschaft, und was bedeutet das eigentlich für das politische Personal? Wir stellen uns diese Fragen aus einer Situation heraus, die für die letzten zehn Jahre fast schon paradiesisch war. Wir haben zwar wahnsinnig viel über soziale Ungleichheit geredet, aber die Kernerfahrung der letzten zehn Jahre war nicht die Erfahrung sozialer Ungleichheit, sondern die Erfahrung der Möglichkeiten. Und diese wunderbaren zehn Jahre sind vorbei.

*** Krell ***

Wir haben ja schon vor Corona eine Zeitenwende erlebt, hätte es diese neue Solidarität nicht auch ohne die Pandemie gegeben?
Wir haben andere Wandelerzählungen, andere Großerzählungen erlebt. Zum Beispiel die von *Take Back Control*, die während des Brexits sehr erfolgreich war, oder der neue Protektionismus, den Trump forciert hat. All das, wird möglicherweise verstärkt durch Corona, aber ist nicht völlig neu in der Welt.

*** Bude ***

Vollkommen richtig. Eines der ersten Zeichen dafür, dass wir uns in einer grundlegenden Transformationsphase befinden, war der Wahlsieg von Donald Trump. Damit hat er im Grunde den »Schutz« zu einem neuen Motiv der Freiheit gemacht. Und so komisch sich das auch anhört, weil es ein furchtbarer Populist wie Trump gesagt hat, stimmt es trotzdem, dass es einen Schutzbedarf innerhalb der Gesellschaft gibt, der vielleicht größer ist als der Freiheitsbedarf. Man muss also schauen, wie Schutz und Freiheit zusammengedacht werden können und was es bedeutet, in einer Außenhandelswirtschaftspolitik dem Motiv des Schutzes eine Bedeutung zu geben. Das was Trump da vorschwebt und was die großen Volkswirtschaften, die jetzt in die Weltwirtschaft hineingehen, alle vorantreiben, ist ein protektionistischer Staatskapitalismus. Es ist eine Renovierung des Kapitalismus nicht als ein neoliberaler Freihandelskapitalismus, sondern als ein protektionistischer Staatskapitalismus. Die interessante Frage ist, was die Antwort Europas darauf sein könnte. Der Brexit oder die Gelbwesten in Frankreich haben gezeigt, dass die EU als eine Wertegemeinschaft, die uns Demokratie und Wohlstand einbringt, eigentlich nicht mehr existiert und für die Leute keine Attraktivität mehr hat. Sie glauben nicht mehr an die Schutzgemeinschaft Europa, sondern nur noch, dass von der EU einzig die starken Einzelnen (zum Beispiel Deutschland) profitiert haben und viele andere der Schutzlosigkeit preisgegeben wurden.

» Es geht darum, diese Vielfalt Europas nicht nur als kulturelle Vielfalt zu entdecken, sondern auch als einen gesellschaftlichen, ökonomischen Reichtum zu betrachten.

Diese Erfahrung, die aus dem Neoliberalismus entstanden ist, hat dieses Motiv des Schutzes hervorgebracht. Hillary Clinton hat gegen Donald Trump verloren, weil sie davon ausgegangen ist, es gäbe nicht mehr das Allgemeine, sondern, dass sich die Gesellschaft aus unterschiedlichen identitätspolitischen Interessen zusammensetzt. Doch ich denke, es gibt ein Allgemeines, und zwar die Allgemeinheit derer, für die Verwundbarkeit eine existenzielle unsoziale Erfahrung ist. Das gilt nicht nur für Leute, die arm sind an individuellen Lebensmöglichkeit, sondern auch für Leute, die arm sind an allgemeinen Lebensmöglichkeiten, etwa in Folge des Klimawandels.

* **Krell** *

Dieser neue Staatsgedanke ist weniger national, da müsste man eher von einer europäischen Perspektive aus denken. Die Pandemie erfordert deswegen auch eine nachhaltige europäische Gesundheitspolitik. Wenn ich das richtig herausgehört habe, gehen Sie noch etwas darüber hinaus, es braucht noch mehr europäisches Handeln.

* **Bude** *

Ja, ich glaube, dass Corona noch mal verstärkt gezeigt hat – was schon mit dem Brexit klar war –, dass die EU eine fragile Sache ist. Ob es nun um Impfstoffoptionen oder Beatmungsgeräte geht, die Debatte ist pharisäerhaft und längst nicht einheitlich. Wir müssen auch im Kopf behalten, dass nicht viel gefehlt hätte und Marine Le Pen wäre französische Staatspräsidentin geworden, und sie kann es bei den nächsten Wahlen immer noch werden. Wir hätten auch nicht geglaubt, dass der Brexit wirklich passieren würde, und es ist auch immer noch nicht undenkbar geworden, dass der nächste italienische Ministerpräsident Salvini heißt. Das macht einem die Fragilität der EU noch mal klar.

Die Antwort, die wir jetzt gefunden haben, auch für den Solidaritätsbegriff, ist, dass wir jetzt ein Europa der Probleme haben. Wir haben nicht die Gemeinsamkeit von Werten, wir haben nicht die Gemeinsamkeit von Erinnerungen, wir haben nicht die Gemeinsamkeiten eines politischen Modells. Sondern wir haben eine Gemeinsamkeit von Problemen. Und das ist eigentlich eine gute Grundlage für solidarisches Handeln im Sinne der Reziprozität der Großzügigkeit und der Verwundbarkeit. Europa kann sich jetzt neu bestimmen, über die Idee der gemeinsamen Probleme, die weit über die Probleme der Pandemiebekämpfung hinausgehen. Wie sieht ein intelligenter europäischer Protektionismus aus? Was bedeutet eine Arbeitsteilung, eine langfristige Arbeitsteilung, eine nachhaltige Arbeitsteilung innerhalb Europas? Wie können die Staaten zusammenarbeiten, ohne dass bestimmte Regionen vergessen werden? Ich glaube, wir haben eine Chance, neu über Solidaritäten in Europa nachzudenken, und der Schritt von Macron und Merkel ist ein Zeichen dafür gewesen.

*** Krell ***

Ja, ein Schritt, der nicht zu unterschätzen ist und den man sich vor zwei, drei Jahren nicht hätte vorstellen können.

Wir haben eben über Keynes gesprochen. Er hatte große Bedeutung, weil er den Nationalstaat als Instrument erkannt hat, das steuernd oder lenkend in das Wirtschaftsgeschehen eingreifen muss. Wir erleben jetzt wieder, dass der Nationalstaat über diese Potenz verfügt. Auf europäischer Ebene haben wir das nicht, und es ist auch nicht absehbar, dass die Nationalstaaten der europäischen Ebene diese Potenz zusprechen werden. Wo ist denn da überhaupt der Raum für ein Europa der Solidarität, das handlungsfähig ist?

*** Bude ***

Das wollte ich mit meiner Bemerkung eben ausdrücken. Es gibt nur den Weg über ein Modell der europäischen Arbeitsteilung. Also zu überlegen, wo kann was in Europa zu wessen Nutzen getan werden. Und nicht alle Länder Europas, nicht alle Regionen, müssen dasselbe machen. Es geht darum, diese Vielfalt Europas nicht nur als kulturelle Vielfalt zu entdecken, sondern auch als einen gesellschaftlichen, ökonomischen Reichtum zu betrachten. Wichtig ist auch die Auseinandersetzung zwischen einem organisierten Kapitalismus französischen Vorbilds und einem koordinierten Kapitalismus bundesrepublikanischen Vorbilds. Ich bin für den Augenblick ein bisschen polemisch:

Was Emmanuel Macron in Frankreich betreibt, ist koordinierter Kapitalismus nach innen und organisierter Kapitalismus nach außen. Er will für Europa den organisierten Kapitalismus Frankreichs – *Planification* –, aber innerhalb von Frankreich bestärkt er eher einen koordinierten Kapitalismus, auch nach deutschem Vorbild, mit dem man versucht, zwischen den Elementen von Kapital und Arbeit neue Potenziale zu entfalten. Für die EU ist es wichtig zu überlegen, mit welcher Form des Kapitalismus eine neue europäische Arbeitsteilung denkbar wäre.

Es gibt ein paar Beispiele, die zeigen, was es in dieser Richtung für neue Potenziale in Deutschland gibt. Einerseits ist es klar, dass es keine einzige deutsche Firma gibt, die Amazon das Wasser reichen könnte. Amazon ist ein riesiges Internetkaufhaus, das jetzt auch noch Cloud-Plätze vermietet. Dieses Mietmodell, würde ich sagen, ist die Struktur des kommerziellen Netzes. Also wir haben ein kommunikatives Netz, das ist das Netz der sozialen

Medien, wo alle Leute in Echtzeit miteinander kommunizieren können. Wir haben ein kognitives Netz, das ist das Netz der Suchmaschinen, und dann haben wir das unterhaltende Netz der Spiele, der Musik und des Sports. Jetzt gibt es aber auch noch das industrielle Netz, das sogenannte Internet der Dinge. Und da glaube ich, ist für Europa und für Deutschland eine interessante Chancenstruktur gegeben.

» Ich glaube nicht, dass wir uns am Beginn einer technologischen Welle befinden, sondern am Ende dieser Welle, die man Digitalisierung nennt.

Da gibt es zum Beispiel im Bereich von Hydraulik und Hydraulikstrukturen ein paar Weltmarktführer in Deutschland. Die Forschung und Entwicklung in diesem Bereich ist extrem interessant, auch für die Medizintechnik, einen Bereich, der immer eine Hardware-Dimension hat, zum Beispiel bei Operationen über den

Rechner, die mittlerweile möglich sind. Ein anderes Beispiel ist die Registrierung von Bewegungen über Sensoren. Also Sensorik, Hydraulik, und als Drittes die Entwicklung neuer Werkstoffe. Ob im Bereich der Automobilindustrie, des Häuserbaus, Küchen und vielem mehr, Kunststoffe (Plaste und Plastik) sind ein großes Thema. Hier ist das Vorangehen einer investiven Initiative des Staates gefragt, die nicht nur im Bereich Wasserstoff- und E-Technik für Autos voranschreitet, sondern auch in den Bereichen Hydraulik, Sensorik und Plastik. Dann muss man natürlich schauen, wie man das alles an das industrielle Netz anknüpft. Ich glaube nicht, dass wir uns am Beginn einer technologischen Welle befinden, sondern am Ende dieser Welle, die man Digitalisierung nennt. Das digitale Zeitalter gibt es seit 40, 50 Jahren und nähert sich jetzt eher seinem Ende in Form des industriellen Netzes, dem Internet der Dinge.

Die Chance der europäischen Ökonomie an die Erfolge der großen Firmen wie Amazon oder Alibaba anzuknüpfen, ist vorbei. Jetzt heißt es, andere Möglichkeit zu finden und zu schauen, welche solidarischen Versprechen für eine Zukunftsfähigkeit des europäischen Wirtschafts- und Sozialmodells gefragt sind.

*** Krell ***

Da könnte Europa ein Gegenmodell entwickeln oder zumindest eine Nische bedienen, die anders ist als die der digitalen Giganten. Wir haben es mit einer realweltlichen, physischen Produktion und realweltlichen, anfassbaren Dingen zu tun, die weiter von großer Bedeutung sein werden.

Die nächste Frage bezieht sich wieder auf Staatlichkeit, die von den meisten Bürgerinnen und Bürgern direkt auf der kommunalen Ebene erlebt wird. Wie sind da Ideen für mehr solidarisches Agieren? Was kann die kommunale Ebene in diesem Bereich leisten?

*** Bude ***

Das ist im Grunde das Stichwort der sorgenden Gemeinschaften, das ich eben angesprochen habe. Ich glaube, gerade auf der kommunalen Ebene ist eine solidarische Gemeinschaft sehr wichtig. Wir sind über die letzten zehn Jahre etwas faul geworden, weil es uns so gut ging, aber wir müssen jetzt wieder Anstrengungen unternehmen, um auf dem neuesten Stand zu bleiben, was die Entwicklung unserer wirtschaftlichen und gesellschaftlichen Lebenswirklichkeiten betrifft. Dazu gehört in der Tat eine Renovierung des kommunalen Gedankens. Ein großes Thema im Augenblick ist ja die Zusammenführung der Orte der Bildung, der Orte der Gesundheit und der Orte der Mobilität, gerade in den ländlichen Räumen in Deutschland. Wichtig ist, dass es in Deutschland keine »armen« peripheren Regionen gibt. Es gibt natürlich Regionen, die eine Armutsstruktur haben, aber wir haben nicht die klassische Stadt-Land- Divergenz, die es beispielsweise in Frankreich gibt. Wir haben wirtschaftlich extrem reiche Provinzen, wie zum Beispiel Ostwestfalen, eine der produktivsten und reichsten Regionen Europas. Oder auch Hohenlohe, ein Gebiet mit 112.000 Menschen, in dem eine der stärksten Ansammlungen von Weltmarktführern auf ganz engem Raum existiert. Das sind alles eher ländliche Gebiete, provinzielle Regionen in Deutschland, die sehr reich und produktiv sind. Wenn wir uns diese reichen Regionen vor Augen führen und wissen, dass Gesellschaft vor Ort gemacht wird, in den Kommunen, glaube ich, dass wir diese Struktur der Fürsorge auch als eine kommunale Struktur möglich machen sollten.

» Wir müssen über den Ausbau einer neuen resilienten Infrastruktur reden, den investiven Staat, aber auch darüber, was eigentlich eine Kultur der Kollektivgüter bedeutet und welche Bedeutung der Subsidiaritätsbegriff in so einer Kultur hat.

Hier kann man dann neu über den Zusammenhang von Gesundheit, neuen Bildungsmöglichkeiten durch digitale Technik und Transport- und Verkehrswegen nachdenken. Dabei muss man auch das Problem des dominanten Individualverkehrs und die Frage der Reduktion von PKWs berücksichtigen. Das ist allein aus ökologischen Gesichtspunkten nicht mehr ewig so weiterzuführen. Dazu zählt auch die Versiegelung des Landes durch immer mehr neue Eigenheime und das ist natürlich ein schwieriges Thema, da die Menschen es schnell als Enteignung oder Freiheitsentzug wahrnehmen, wenn man ihnen das Auto wegnimmt oder verbietet, Eigenheime zu bauen. Diesen Wandel kann man nur mit einer Veränderung der kommunalen Strukturen erreichen.

Ich glaube, dass man gerade in großstädtischen Räumen nicht mehr von einem Privatbesitz von Grund und Boden ausgehen kann. Es gibt ein sehr interessantes Modell, das Erbpachtmodell, wie das etwa in der Hafen-City in Hamburg umgesetzt wird. Da gibt es Grundstücke, für die man relativ viel Miete bezahlen muss, wenn sie bebaut werden, aber der Grund

und Boden gehört nach wie vor der Stadt Hamburg. Also die Idee, dass man diesen Grund und Boden nicht verkauft, sondern ihn für eine längere Zeit zur Verfügung stellt, ist eine sehr interessante Entwicklung. So wird eingeführt, dass man sein Haus vielleicht für eine Generation oder zwei Generationen vererben kann, aber nicht für drei oder vier. Das muss man vorsichtig in Gang setzen, aber die tendenzielle Vergesellschaftung von Grund und Boden ist ein ganz wichtiges Thema für kommunale Strukturen.

*** Krell ***

Das verweist auf etwas, das in der Organisation unseres Wirtschaftslebens eine interessante Rolle spielt, nämlich die der kollektiven Güter. Güter, die gemeinsam genutzt werden und deshalb auch gemeinsam bewirtschaftet werden müssen.

*** Bude ***

Das ist ein ursozialdemokratisches Thema! Wir sind in der Tat erschöpft von dieser ganzen Verwandlung von öffentlichen Gütern in Privatgüter. An der Deutschen Bahn kann man das deutlich sehen. Da kommt dieser Gedanke wieder, den ich eben nur angedeutet habe und ein bisschen rechts oder links liegen gelassen habe, nämlich der Gedanke der Genossenschaften. Die Genossenschaft ist ein sehr interessantes Modell solidarischen Eigentums, solidarischen Kollektiveigentums. In dem Bereich gibt es ein paar interessante Paradoxien, die ich auch selbst noch nicht verstehe. Es ist in Deutschland zum Beispiel so, dass Wein, der in Genossenschaften produziert wurde, nie besonders gut ist. Der richtig gute Wein ist meistens einer von privaten Erzeugern. Das ist in Südtirol nicht so. Dort sind auch die Weingenossenschaften in der Lage, Spitzenwein zu produzieren. Das liegt vor allem an unterschiedlichen Anreizstrukturen, und da finde ich den »Allmendebegriff« sehr wichtig, also das, was Gemeingut ist und allen gehört.

Da ist wieder die Idee, dass wir im Grunde Kollektiveigentum borgen und dass man für dieses Borgen auch etwas zurückgeben muss. Das ist schon mal ein richtiges Motiv. Und damit, wenn ich mit dem ideologischen Endspurt starten darf, stehen wir vor einer Neubestimmung der sozialen Marktwirtschaft in Deutschland. Wir müssen über den Ausbau einer neuen resilienten Infrastruktur reden, über den unternehmerischen Staat, den investiven Staat, aber auch darüber, was eigentlich eine Kultur der Kollektivgüter bedeutet und welche Bedeutung der Subsidiaritätsbegriff in so einer Kultur hat. Dann merkt man auch plötzlich, dass mit so einem klassischen Sozialdemokraten wie Franz Müntefering immerhin kurzzeitig ein Katholik aus dem Sauerland zum Vorsitzenden der deutschen Sozialdemokratie geworden ist: dass solche Arten von ideellen Konfigurationen wieder gedacht werden können, nämlich dass ein Urkatholik, der nicht aus einem bildungsreichen Elternhaus stammt, etwas in der Sozialdemokratie bewegen konnte, weil es ein Buch gab, was alle ernst genommen haben, nämlich die Bibel. Man weiß ja, dass es wichtige Bücher gibt, im Nachgang vielleicht eher das kommunistische Manifest oder so, aber ich glaube kaum, dass im Elternhaus von Franz Müntefering das kommunistische Manifest gelegen hat. Die Bibel ist ja auch schon mal ganz gut.

*** Krell ***

Wir wissen ja: »Der wahre Christ ist Sozialist.« Da schließt sich der Kreis. Ich will Ihnen eine letzte Frage stellen Herr Bude, eine, die wir an alle unsere Gesprächspartner richten: Wenn wir uns vorstellen, wir leben 2030 in einer Gesellschaft, die solidarischer ist und in der es ein neues Staatsverständnis gibt, das diese Solidarität befördert, was glauben Sie, war der Hebel, den wir 2020 umgelegt haben? Was war das Entscheidende, das wir jetzt getan haben?

*** Bude ***

Ich glaube, da gibt es zwei ausschlaggebende Dinge. Das eine ist die Idee eines Staates, vor dem man sich nicht fürchten muss, und das andere der Begriff der Freundschaft. Freundschaft ist eine selbst gewählte Abhängigkeit, und daraus entsteht die Idee, dass eine solidarische Gesellschaft zentral aus Menschen besteht, die Abhängigkeit nicht fürchten, sondern Abhängigkeit als Bereicherung hinnehmen.

» Manchmal muss man solidarisch sein, auch wenn es einem selbst überhaupt nichts nützt.

Wenn wir bis 2030 eine solidarische Gesellschaft werden würden, dann hätte eine Mehrheit der Bevölkerung in Deutschland eingesehen, dass man Abhängigkeit nicht fürchten muss.

*** Krell ***

Weil Abhängigkeit auch Einsamkeit überwindet. Haben Sie vielen Dank Herr Bude für den spannenden, facettenreichen Austausch. Das war sehr beeindruckend.

*** Bude ***

Vielen Dank Herr Krell. Alles Gute Ihnen.

Die Gesprächspartner

Heinz Bude ist Professor für Makrosoziologie an der Universität Kassel. Zuvor war er Leiter des Arbeitsbereichs »Politik und Gesellschaft der alten und neuen Bundesrepublik« am Hamburger Institut für Sozialforschung. Bude erhielt 2016 den Preis der Deutschen Gesellschaft für Soziologie für herausragende Leistungen auf dem Gebiet der öffentlichen Wirksamkeit der Soziologie. 2018 ist von ihm das Buch *Solidarität. Die Zukunft einer großen Idee* erschienen.

Christian Krell ist Professor für Staatsrecht und Politik an der Hochschule des Bundes für öffentliche Verwaltung und Honorarprofessor an der Universität Bonn. Er ist Mitglied der Grundwertekommission der SPD und leitete zuvor das Büro der Friedrich-Ebert-Stiftung für die nordischen Länder mit Sitz in Stockholm.

Die Herausgeber

Thomas Hartmann arbeitet im Referat Lateinamerika und Karibik der Friedrich-Ebert-Stiftung und ist verantwortlich für die Gesprächsreihe »rausgeblickt«. Er ist unter anderem Herausgeber von *Utopien. Für ein besseres Morgen* und *Zukunft der Demokratie*.

Jochen Dahm leitet die Akademie für Soziale Demokratie der Friedrich-Ebert-Stiftung, mit der die Stiftung einen Ort zur Reflexion grundsätzlicher Fragen aus Sicht der Sozialen Demokratie geschaffen hat. Er ist unter anderem Herausgeber von *Utopien. Für ein besseres Morgen* und *Zukunft der Demokratie*.

* Weitere Informationen unter
www.dietz-verlag.de

Weitere Titel dieser Reihe *

* **rausgeblickt: Maja Göpel**
  Pandemie und Klima
  Ein Gespräch über eine nachhaltige Welt
  ISBN 978-3-8012-0602-4

* **rausgeblickt: Thomas Piketty**
  Pandemie und Ungleichheit
  Ein Gespräch über die Ideologie des Kapitals
  ISBN 978-3-8012-0601-7

* **rausgeblickt: Gesine Schwan**
  Pandemie und Solidarität
  Ein Gespräch über gesellschaftlichen Zusammenhalt
  ISBN 978-3-8012-0603-1

* **rausgeblickt: Lisa Herzog**
  Pandemie und Arbeit
  Ein Gespräch über eine demokratische Wirtschaft
  ISBN 978-3-8012-0605-5

* **rausgeblickt: Andreas Reckwitz**
Pandemie und Staat
Ein Gespräch über die Neuerfindung der Gesellschaft
ISBN 978-3-8012-0606-2

* **rausgeblickt: Joseph Stiglitz**
Pandemie und Markt
Ein Gespräch über eine gerechte Weltwirtschaft
ISBN 978-3-8012-0607-9

* **rausgeblickt: Teresa Bücker**
Pandemie und Geschlechter
Ein Gespräch über eine feministische Zukunft
ISBN 978-3-8012-0604-8

1 X 1 DES FRÄNKISCHEN

CRASHKURS

Tut mir leid, das haben wir nicht vorrätig.
Hommer ned!

Ich wäre jetzt gerne ungestört!
Loumer mei Rouh!

Das ist genau, was ich meine.
Dässis mei Reed.

Mach es gut!
Haudi nei!

Er erzählt wieder einen Blödsinn.
Der verzilld widder a Gschmarri.

Was ich habe, das hab ich.
Wossi hobb, däss hobbi.

Lass uns gehen.
Hobb kumm, mir genger.

Das ist tatsächlich eine dumme Sache.
Däss is fei wergli a bläide Woar.

Die Jaqueline ist wirklich ein nettes Mädchen.
Däi Schagglien bassd scho.

Der ist ganz schön betrunken.
Deä hodd obber an gschaidn Breller.

Na, wie geht's?
Und? Wäih schaudzn aus?

Wie hat denn der Club gespielt?
Wäih hommern gschbilld?

Keine Ahnung.
Wass wassnern iiech?

Ich hätte gerne zwei Mohnbrötchen.
Iich grich zwaa Mohn.

Mach dich nicht verrückt.
Doudi ned oo.

Laß die Sache sein.
Lous blaim, däi Woar!

Aa

So geht's los. Mit einem langgezogenen „Aa", was in Franken das „auch" ist. Das „Aa" zeigt auch gleich, dass hier sprachlich mit großer ergonomischer Finesse vorgegangen wird. Möglichst alle umständlichen Veränderungen des Mundraums vermeiden heißt die Devise. „Iich hobb aa ann Anzuuch" („Ich habe auch einen Anzug"), wobei das „aa ann Anzuuch" als „aaananzuuch" gesprochen wird. Energiesparende Phonetik, die von jedem Franken bestens verstanden wird.

Aamer/Aamerla,

Ist ganz einfach ein Eimer. „Deä Aamer is full", „Is Aamerla schdäihd im Weech!" ("Der Eimer steht im Weg!")

Aafgschau

Wer ein „Aafgschau" (wörtlich „Aufgeschaue") macht versucht auf unangenehme Art, Aufsehen zu erregen.

Abodd/Aboddeggl

Hier geht's schon los mit den harten Konsonanten, die im Fränkischen so gar nicht hart gesprochen werden. „Dibbdobb" („Tipptopp"), „Babbarazzi" („der Papa-razzi, ein aufdringlicher Promi-Fotograf") sind Bei-spiele unter Vielen. „Abodd" jedenfalls ist der Abort und der „Deggl“ der dazu gehörige Geruchsverschluss. (*siehe S. 29: „Gloo“*).

Allmächd!

Kaum ein Gespräch, in dem nicht mindestens einmal am Satzbeginn der Allmächtige gerufen wird. Je mehr man sich Nürnberg nähert, umso häufiger. Was nicht heißt, dass Nürnberg den göttlichen Beistand mehr benötigt als andere Regionen. „Allmächd, is däss daier!“ („Um Gottes Willen, ist das teuer!“), „Allmächd, woss woarnern däss?!“ (Allmächtiger, was war denn das?!). „Allmächd“ ersetzt auch ein wenig das „Oh je“.

Arch

„Arch“ steht für „arg“, also eigentlich „schlimm“. Im Fränkischen dient „arch“ jedoch der Unterstreichung im Guten wie im Bösen, ist also mehr ein „sehr“. Es kann was „arch schee“ sein oder auch „arch dreggerd“ („sehr dreckig“). „Däss is ja arch schlimm“ („also eigentlich „schlimm schlimm“) geht auch.

A weng

„A weng“ bedeutet an sich „ein wenig“, es wird jedoch häufig multifunktional eingesetzt, entweder um Vorgängen die Dramatik zu nehmen oder aber auch, um einen Vorwurf zu unterstützen. Ein „Ich bin a weng

spät droo, gell?“ mildert die zweistündige Verspätung ab.
Ein „Däss is fei scho a weng teuer“ dagegen unterstreicht die Verärgerung. „Mei Moo is a weng gschdorm“ ist wiederum der Versuch, mit Worten die Bedeutung des Vorgangs abzuschwächen.

Babberdeggl

Auch hier zeigt sich, wie der fränkische Ureinwohner Wörter mit geringst möglichem Krafteinsatz gestaltet. Kartonage ist im übrigen die Bedeutung, also der Papp-Deckel. „Mach ermol in Babberdeggl roo“ – „Pack das Ding aus!“.

Babbm

Meint „kleben“, etwas „hie babbm“ entsprechend etwas „hinkleben“. Wenn es dann klebt, dann „bichdz“ (von „bichn“). „Woss lichd, däss bichd“ heißt es beim Schafkopf-Spiel. Bedeutet: die Karte, die ausgespielt wurde, darf nicht mehr zurückgenommen werden. Heißt es „Haldei Babbm!“, dann soll das Gegenüber einfach still sein. (*siehe S. 30: „Goschn“*).

Bäbbm

„Dou hobbi a Bäbbm“, damit werden zumeist unschöne Herpes-Bläschen oder ähnliches Gepickele an den Lippen oder deren Umgebung bezeichnet.

Badscher

„Badscher“ sind erst mal die Hände. „Dou daine Badscher wech!“ („Nimm die Hände weg!“) ist meist eine Aufforderung ans Kind. Heißt es dagegen „Deä hodd an Badscher“ meint der Franke schlicht: „Der hat einen Schlag, der spinnt“.

Bagaasch

Wenn es heißt „Iich bring di ganze Bagaasch miied“, dann können Sie sich auf eine mittelgroße Gruppe von Menschen einstellen. Bei „Schauder däi Bagaasch oo!“ dagegen nähert sich der Begriff einer der Urformen von „Bagage“ („Gesindel“) an und hat einen abfälligen Beigeschmack.

Baggmers oo!

„Los gehts!“ Der fränkische Weckruf, vegleichbar dem amerikanischen „Lets go!“ oder dem spanischen „Vamos!“. Wobei der Franke dann gerne gleich ein „Blouß ka Heggdigg“ hinterherschickt.

Bassdscho

Eigentlich „passt schon“. Aber ein lapidar dahin gesagtes „Däss bassdscho“ entspricht gerne auch einem gedachten „Ich will mich mit dieser Sache nicht weiter beschäftigen“. Oder man versucht mit einem „Bassdscho!“, seinem Gegenüber klarzumachen, dass es seine Tätigkeit gut und gerne einstellen kann.

Bengertz

Die Pegnitz, 100 Kilometer rein fränkisches Fließgewässer mit oberfränkischem Ursprung, mäandert sich durch herrliche Landschaften, schenkte Nürnberg viele schöne Brücken, um dann in Fürth in die Rednitz zu münden, die sich ab da Regnitz nennt. Übrigens: Das erste „e“ in „Bengertz“ wird gern zum „ä“ hin gesprochen.

Bläbberla

Ein Wort, bei dem das prälabiale „l“ (*siehe S. 25*) seine ganze Pracht entfalten und die Zunge in bequemer Lage nach vorne rutschen kann. Ohne jegliche Anstrengung rutscht das „Bläbberla“ über die Lippen, gemeint ist damit ein Aufkleber. „Mach hald a Bläbberla hiie“ oder „Woss schdäihdn aaf dämm Bläbberla draff?“. Fränkisch in seiner schönsten Form.

Blembl

Der „Blembl“ ist ähnlich dem „Grembl“ (*siehe S. 86*) wertloses Zeug. Wobei der „Blembl“ eine kleinere Mengeneinheit ausdrückt. „Den Blembl koosder an Huud schdeggn!“ („Das Zeug kannst du dir an den Hut stecken!“).

Bobberla

Das „Bobberla" ist das Baby oder Kleinkind. Dem Windelalter entwachsen wird es wahlweise zum „Boum" (*siehe unten*) oder zum „Maadler" (*siehe S. 39*).

Bobbers

Der Bobbers ist nichts anderes wie der „Oasch", hier jedoch in liebevoller Form ausgedrückt. „Bobbers" wird meist Kindern gegenüber eingesetzt. „Buzz dein Bobbers gscheid ab!" („Reinige nach dem Toilettengang gründlich dein Hinterteil!") oder „Glei grichsd anne aafn Bobbers!" („Mach nur so weiter, dann versohle ich dir deinen Allerwertesten!") – gut, liebevoll ist das dann auch nicht mehr.

Booder

Wer zum „Booder" geht, geht zum Friseur. Der „schnibbld" („schneidet") und macht die Haarpracht „közzer", also kürzer.

Bou

Der „Bou" ist der Junge, der Bub, im Dativ „in Boum" genannt, Plural „die Boum". „Bou, wennzdi ned schlaichsd!" („Junge Junge, wenn du jetzt nicht gehst!"), „Däss hobbi in Boum scho suu offd gsachd!" („Das hab ich dem Jungen schon so oft gesagt!").

Bei der Hizz
läffder die Bräih roo!
By deer hits left
dirty Bray raw???
Pardon me?
Mei Moo maant, dass
gscheid haas is.
Rodscher

Bräih

Brühe. Sie gibt es einerseits kulinarisch als „Flaischbräih“, signalisiert aber auch größere Schweißausbrüche, wenn es heißt „Mir läffdi Bräih roo!“ („Mir läuft die Brühe herunter“).

Bräucherd

Wörtlich: „Ich würde brauchen“. „Iich bräucherd nu zwaa Boar Soggn“ („Ich brauche noch zwei Paar Socken“). (*siehe S. 22: „Dääd“*).

Bridscherbraad

Wörtlich „Die breite Pritsche“. Wobei hier nicht das Möbelstück gemeint ist, sondern derjenige, der sich „bridscherbraad“ darauf ausbreitet.
„Gnallsdi dou bridscherbraad aaf mei Kaudsch! Ruddscherermol wech!“ („Knallst dich da in voller Breite auf meine Couch! Rutsch mal auf die Seite!“).

Brouder

Wichtig ist hier das gerollte „r“! „Brouder“ hat zwei unterschiedliche Bestimmungen. Zum einen meint es den Bruder, daneben dient es der Warnung im Sinne von „Mein Lieber“. „Brouder, wennzzdmer ned gäihsd!“ („Mein Lieber, wenn du nicht gleich verschwindest!“).

Das Lied vom Bubblmoo:
Iich bin deä Bubblmoo, hull mir mein Bubbl roo
Dann gäihi rum ums Egg, un schmeiß mein Bubbl wech
Dann kummd die Fraa vom Haus, ruddschd aaf dem Bubbl aus
Däss gäiht dich goar nix oo, iich bin deä Bubblmoo
(Die Sinnsuche hinter dem Text ist sinnlos)

Bubbl

Der „Bubbl“ („Popel“) ist bei Kindern ein beliebtes Spielzeug. Erst wird er von weit oben herunter geholt („Iich hullmer an Bubbl roo“), dann zwischen Daumen und Zeigefinger zu einer Kugel gerollt und dann dem Lehrer in den Rücken geschossen.

Bumberlgsund

„Deä Doggder hodd gsachd, iich bin bis aaf die Leewer unnin Moong bumberlgsund“ („Der Arzt meinte, bis auf die Leber und den Magen bin ich kerngesund“). Einem Franken genügt das.

Dadschn

Mit „dadschn“ ist eine meist unerlaubte Berührung gemeint, ein „tatschen“. „Mousdu dou scho widder hiie dadschn?!“ („Musst du da schon wieder hinlangen?!“)

Dalcherd

Je nach Einsatzweise kann es die breiige Konsistenz einer Speise meinen („talgig“) oder eine Person, die reichlich lahm und träge daherkommt („däss is a rechde dalcherde Henner“), oder auch den eigenen Gemütszustand beschreiben („Ich fühl mi haid a weng dalcherd“).

Daumschlooch

„Dou gäihdz zou wie innam Daumschlooch“ – reges Treiben wie in einem Taubenschlag. Heißt, es mutet zu hektisch an. Der „Daumschlooch“ wird auch als Alternative zum „Huusnschdall“ („Hosentürchen“) verwendet, wenn es heißt: „Mach dein Daumschlooch zou!“. Schwer zu sagen, ob es auch hier zuvor hektisch zuging.

Dem sei

Grundsätzlich gilt: ein Franke kommt ohne Genitiv aus, er kennt ihn gar nicht.
Die Funktionen übernimmt einzig der Dativ, also das „dem“ und das „vom“. „Dem sei Audo is kabudd“, „Dem Franz sei Frau is gschdorm“, „Däss lichd im Auch vom Bedrachder“.
Auch der Akkusativ ist überflüssig, (*siehe S.: 35: „...in“*).

Der Mann jammert: „Iich hobb ann Schbraisl im Finger!“. Die Frau: „Hossdi gwiss am Kubf grazzd?“

Derbaggn
Aushalten, verkraften. „Däss derbaggi nimmer" („Das halte ich nicht mehr aus"). Im Positiven: „Hobb, däss baggmer nu!" („Komm, das schaffen wir auch noch!")

Doddn
Dort. Eine typisch-fränkische Ortsangabe neben dem „dou" („da"), „drüümer" („drüben"), „ninder" („hinter") oder „naaf un nou" („rauf und runter").

Duusl/Duuslbegg
Der „Duuslbegg" ist ein Glückskind, ein Mensch, der gerade gewaltig Dusel hatte. Wobei hier die Einschätzung sehr subjektiv im Auge des Betrachters liegt. „Is däss widder a Duuslbegg!" wird gerne beim Schafkopf-Spiel eingesetzt.

Edzerd/Edz/Edzerdla/Ezzer
Vier Varianten, die allesamt das hier und jetzt darstellen. Beim „edz" schwingt noch ein angedeutetes „d" mit, bei „ezzer" geht es grad und scharf übers „z" zum Wortende. „Hobb, edz kumm!" („Komm endlich!"), „Edzerd hobbis!" („Jetzt hab ich es!"), „Ezzer binni scho widder zu schbääd!" („Jetzt bin ich schon wieder zu spät!"). Ein „Edzerdla" wird gern auch freigestellt verwendet, im Sinne von „Endlich geschafft!" – gern verwendet auch im Bett, als Vollzugsmeldung.

Wou issnern däi Sacher-Doddn?
Doddn.

Fränksicher Konjunktiv: Dääd „Täte“ oder „würde“. Der Franke bewegt sich mit großer Leidenschaft im Konjunktiv. Wahrscheinlich, weil sie ihm sicherer erscheint, ansonsten müsste er sich ja verbal festlegen. So aber ist es nur eine formulierte Möglichkeit. Hier hilft im das „Dääd“ ganz ungemein. „Ich dääd soong“ („ich würde sagen“, eigentlich: „Ich sage jetzt“), „Ich dääd edz gern hamm foahrn“ („Ich würde jetzt gerne heim fahren“, eigentlich: „Ich will heim fahren“), „Ich dääd vielleicht nu a Seidler Bier dringgn“ („Ich würde vielleicht noch ein Glas Bier trinken“, eigentlich: „Her mit dem Bier!“; *siehe S. 39: „Mecherd“*).

Fädd

Nürnberg und die Nachbarstadt Fürth (eben „Fädd“) leben seit ewig in feindschaftlicher Verbundenheit Seit’ an Seit’. Doch der Nürnberger hat ein großes fränkisches Herz.
Und als 2012 auch die Spielvereinigung Greuther Fürth (Die „Gleebläddер“) den Sprung in die erste Liga schaffte, hat er sich für die Nachbarstadt selbstverständlich vorbehaltlos gefreut. Schließlich führt das zu zwei spannenden Derbys in der Spielzeit.

Fäiß

Wird gesprochen wie das englische „Face". Meint aber die Füße. Das „Facelifting" wird demzufolge in Franken oft missverstanden. Einzahl: „Fouß", der Fuß. Glücklicherweise gibt es da kein englisches Pendant.

Fei

Das Wörtchen „fei" bedeutet so was wie ein „aber", ist eine Art Unterstreichung und wird inflationär eingesetzt, das „e" tendiert dabei in der Aussprache stark zum „a". Ähnlich dem „a weng" dient es wahlweise der Verdeutlichung („Däss is fei scho hadd"), der Vernied-

Wortverbindungen „Douder nix oo" – „Tu dir nichts an". Im „Douder" sieht man wieder, mit welch Leidenschaft der Franke mehrere Wörter zu einem Ganzen bindet, da saubere Trennungen sprachtechnisch deutlich mehr anstrengen. Sei es ein „Hobbidoch" („Hab ich doch"), ein „Wassined" („weiß ich nicht"), „gemmeraweng" („gehen wir ein Stückchen"), „schdelldinedoo" („stell dich nicht so an"), „däffderdäss?" („darf der das?") oder ein „Naiinsgwerch" („Hinein in das Getümmel!") – der kürzeste und artikulationsärmste Weg von A nach B dominiert das Sagen.

Der fränkische Zeitbegriff In Franken gehen die Uhren anders. Es braucht alles seine Zeit. Der Franke ist generell nicht so schnell, also temporär hinterher. Franken hat deshalb auch in Deutschland die höchste Reklamationsrate bei Bewegungsmeldern. Und mit Zeitangaben hat der Franke sein ganz spezielles System.
Beispiele: 10.15 Uhr ist immer „Viertel Elf" („Väddl Elf"), 15.45 Uhr „Dreiväddl Vier".Es wird also in Viertelstunden-Schritten von vorne nach hinten gerechnet. Oft heißt es auch einfach „Iich kumm ummer halwer", also „ich komme um Halb" – ohne nähere Definition. Gebräuchlich auch „Ich kumm am Freidooch in achd Dooch" (also „am Freitag in 8 Tagen") – heißt, er kommt am Freitag. Obwohl acht Tage später ja bereits Samstag ist. Vielleicht ist dies alles ein Grund, weshalb Begegnungen unter Franken oft von zufälliger Natur sind.

lichung („Ihr Bou is fei a goldichs Waggerla") oder der Warnung („Däss däffns fei ned machn!").

Gazzn

Wenn jemand „gazzd" oder „rum gazzd", dann stottert er herum. Das Substantiv dazu ist das „Gegazze".

Kommt ein FC Bayern-Fan in eine fränkische Kneipe, legt seinen Fanschal auf den Tresen und bestellt sich ein Bier. Er trinkt, zahlt und will wieder gehen. Da hält ihn der Wirt fest und sagt: „Momend ermol! Suu eimbfach kummsdmer dou ned wech. Zäschd mousd dou nu würfln. Bei aans bis fümbf grichsd anne aaf die Waffl." – „Und was ist bei sechs?" – „Baider seggs däffsd numol würfln!".

Das „L" und das „O" und das „R"
Wer das fränkische „L" nicht beherrscht, verrät sich sofort. Im Normaldeutschen bildet sich dieser Konsonant, indem man die Zungenspitze zwischen Gaumen und die obere Zahnreihe drückt. Beim prälabialen („vor der Lippe") Franken-"L" dagegen lässt man die Zunge entspannt und wie betäubt nach vorne fallen, bis an den Rand der Unterlippe, gerne auch noch ein Stück weiter.
Das „O" wiederum beinhaltet sehr häufig 50 Prozent „A", ähnlich dem englischen „law". Und das „R" wird gern gerollt, mit flatternder Zunge. Hier heißt es fleißig üben!

Der Franke „gazzd“ aus Hilflosigkeit oder aus Verlegenheit. „Woss sollnern däss Gegazze?“ heißt es dann.

Gell

Das „gell“ (schön mit prälabialem „L“ gesprochen!“; *siehe* S. 25) ist aus dem Fränkischen nicht wegzudenken und wird mit großer Leidenschaft eingesetzt. Es dient der Unterstützung einer fragenden Aussage, wird vorne wie auch hinten an den Satz gestellt und heißt so viel wie „nicht wahr?“. „Gell, du hossd scho widder verschloofn?“, „Däi gfällder scho arch, gell?“. Das „gell“ signalisiert, dass man die Antwort eigentlich schon weiß.

Fränkische Wegbeschreibung

Wer als suchender Tourist von einem Franken eine präzise Wegbeschreibung erwartet, läuft ins Leere. Denn meist erwartet ihn „Gegazze“. „Dou hindn nüüwer bis zu dera Eggn un nou mäins schauer, wo däi anne Schdrass suu nunder gäihd, däi dann ned, wall däi is falsch! Froongs am bessdn numol.“ („Da hinten rüber bis zu der Ecke und dann müssen Sie gucken, wo die eine Straße runter führt, die dann nicht, weil die ist falsch. Fragen Sie am besten noch mal“). Besser, Sie statten sich von vorneherein mit GPS aus.

DER FRANKE SACHD – DER FRANKE MEINT

Dou moui äschd ermol schauer.	Auf keinen Fall mach ich das!
Doudai Brazzn wech!	Nimm die Hand weg!
Mach hald deine Glodzer aaf!	Jetzt schau halt hin!
Adee.	Auf Wiedersehen.
Dou binni widder voll neidabbd.	Da ist mir vielleicht wieder was passiert.
Goar ned schlamberd.	Nicht schlecht.
Ezzer gäiht mer die Muffm.	Jetzt hab ich Angst.
Mei, is däss oadli!	Ist das süß!

Gfredd

„Gfredd" ist die Plackerei, die Mühsal – und von ihr fühlt sich der Franke reich beschenkt. „Däss is scho a archs Gfredd" („Das ist schon eine arge Plackerei"), damit beschreibt der Franke sein immerwährendes Schicksal.

In einem Wirtshaus sitzen an den 6 Tischen jeweils ein Gast.
Ein Paar kommt herein, sieht sich kurz um, dann sagt der Mann:
„Mir mäin woandersch hiie, dou is alles full ...".

Glodzer

Die Augen. „Mach hald daine Glodzer aaf!" („Mach halt deine Augen auf!"), oder „Woss glodzzdn scho widder?!" („Was schaust du denn schon wieder so?!"). Gelegentlich nennt man die Augen auch „Glubscher".

Gerch

Der Gerch ist eigentlich der Georg. Er ist – ähnlich wie das „Fritzchen" bei Kinderwitzen – das Synonym für den fränkischen Archetypen und findet sich auch in einigen Gedichten und Liedern wie „Das Gostenhofer Gerchla" wieder. Parallel dazu existiert auch der

„Schorsch“ oder das „Schorschler“. Auch hier ist schlicht der Georg gemeint.

Gfraid

„Deä hozzi gfraid“ („der hat sich gefreut“), oder „däss gfraid mi“ („das freut mich“). Als Substantiv ist es die „Fraid“, die Freude. „Deä Bou is scho a rechde/arche Fraid“ („der Bub ist ein ganz ein Lieber“).

Gloo/Abodd

So umfangreich, wie der fränkische Wortschatz im Kulinarischen ist, so üppig ist er auch, was die letztliche Entsorgung von Speis und Trank anbelangt. Das „Gloo“, also das Klo, nennt sich ebenso „Scheißhaus“, „Bflaadschndöbbfler“ (nein, das nicht! Das hab ich mir eben selbst ausgedacht) oder „Abodd“ (Abort – „Iich mou ermol am Abodd“), der Klodeckel heißt dann „Abbodeggl“.
Den Toilettengang betreffend bevorzugt der Franke deftige Ausdrucksformen. Man geht „kaggn“. Das männliche Pinkeln wird gern als „brunzn“, „biiesln“ oder „schdrullern“ bezeichnet, er „schdelld a Schdanger Wasser ab“ oder muss „für glanne Gööniggsdiiecher“. Der Sohnemann „machd an Wiss“. „Wissi is machd!“ – die fränkische Variante des Philosophen-Satzes von Francis Bacon. Frauen belassen es meist beim feineren „Bingln“.

Glumb

Da der Franke seine Unzufriedenheit liebevoll pflegt, ist erst mal Vieles ein Gelumpe, Däss is „a Glumb“ halt. Ein „Dou hommsmer widder a Glumb naafdreehd!“ wird gerne am Schreibtisch beim Installieren neuer Software verwendet.

Gnäschich

Mit „Deä is gnäschich“ meint der Franke einen Menschen, der zu Tisch übertrieben wählerisch ist.

Ein Franke betrachtet im Wirtshaus missmutig seinen Teller. „Massder, iich hobb fei a Subbn bschdellt und ka Schdeeg!“. Sagt die Bedienung: „Däss hobbi gern! Zäschd eewich dou rumhoggn und dann aa nu mozzn!“

Goschn oder **Schläbbern** oder **Waffl** oder **Maul** oder **Bäbbm**

„Haldei Goschn!“, „mach dei Schläbbern zou“, halte den Mund! Derber: „Haldei Waffl“ oder schlicht „Haldz Maul!“ (ganz derb). Alles meint nichts anderes wie den Mund. „Däi hodd vielleichd a Schläbbern!“ meint „Die redet zu viel“. Anerkennend verwendet bei „Däi is ned aaf die Goschn gfalln“.

Graiz

Das Leben in Franken ist hart, ist ein Kreuz, „a Graiz“. Oft auch „hoddmers im Graiz“, dann „spüri mai Graiz“, und wenn's ganz schlimm kommt, flucht man „Graizdunnerwäddernumolnai!“

Gricherd

„Iich gricherd“ („ich kriege“, „ich möchte“, „ich hätte gern“). „Iich gricherd nu vo dänne Wöschd dou zwaa Schdügg“ („Ich möchte noch von dieses Würsten zwei Stück“).

Grischberla

Ein „Grischberla“ ist jemand, der nach Ansicht des Betrachters zu wenig auf den Rippen hat, was in Franken eine sehr relative Bewertung darstellt. „Deä is a rechdz Grischberla“, das kann durchaus schon gesagt werden, wenn der Angesprochene über keinerlei sichtbaren Bauchansatz verfügt.

Groong

Der „Groong“ (das „o“ zum „a“ hin gesprochen) ist der Kragen oder der Hals. „Grichsd widder in Groong ned full?“ („Kriegst du wieder den Hals nicht voll“) meint, du kannst wohl nie genug bekommen.

Gscheggerd

Bunt kariert, „gescheckt". „A gscheggerde Huusn" ist eine sehr farbenfrohe Hose. „Gscheggerd" kann auch „schadenfroh" bedeuten, dann heißt es „sei ned suu gscheggerd!"

Gschmarri/Gwaaf

„Gwaaf" ist wie „Gschmarri" Synonym für dummes Geschwätz. „Dei Gwaaf koosder schboarn", „Deä redd widder a Gschmarri", „Suu a bläidz Gwaaf!". Da der Franke geschätzte 80 Prozent aller Sätze, die auf ihn einpoltern, erst mal für Geschwätz hält, kommen die Begriffe entsprechend oft zum Einsatz.

„Du Erna, iich hobb eichendli goar ka Lussd, dassmer die Hertha bsoung." – „Iich aa ned. Obber üüberleechder, wäihsesi fraid, wemmer ned kummer." – „Hossd rechd. Gemmer hiie."

Haadschn

Meint ein schwerfälliges Gehen, weil zu lang und zu viel. „Iich haadschmer dou däi Haggn ab" („Ich laufe mir da die Sohlen herunter").

Händscher

Das sind die Handschuhe. An kalten Wintertagen hallt es vor dem Gang nach draußen durch alle Wohnungen: „Zäichdei Händscher oo!“ („Zieh deine Handschuhe an!“).

Häich

Die Höhe. „Deä Durm hodd a ganz schäine Häich“ („Der Turm hat eine ordentliche Höhe“). Oder auf dem Berg: „Aaf welcher Häich simmern ezzer?“ („Auf welcher Höhe befinden wir uns gerade?“). Geht die „Häich“ dagegen ins persönliche „Deä hodd sai Häich“, dann ist damit sein Alkoholpegel gemeint.

Halmi

„Iich bin scho halmi am Weech“, ein tröstender Satz ins Handy gesprochen, um dem Partner zu zeigen, man ist gleich da. „Halmi“ ist das Wort für „halb“, allerdings wäre es ein Fehler, hierbei tatsächlich von 50 Prozent auszugehen. „Halmi“ ist im Grunde nur eine Zeichensetzung, dass man irgendwann, demnächst, unter Umständen ankommt – das aber mit guten Absichten.

Hemmerd

Das Hemd. „Dou zäichsder is Hemmerd aus!“ bedeutet allerdings nicht, dass einem ein weibliches

Geschöpf das Hemd auszieht. Es ist in Wahrheit ein Ausdruck der Empörung, ähnlich einem „da kannst du ja verrückt werden!".

Heichdl/Heichderler

Dummkopf. „Du bissdmer suu a Heichdl" („Du bist mir vielleich ein Dummkopf"). „Dou schauder widder wäih a Heichderler wennz blizzd" (wörtlich: „Da schaut er wieder wie ein Dummkopf, wenn es blitzt"), damit will gesagt sein: Der schaut blöd aus der Wäsche.

Hoosn

Vorsicht, jetzt wird es kompliziert! Die „Hoosn" sind nämlich nicht Hosen, sondern Hasen. Hosen dagegen heißen „Huusn". Nochmal: In Mittelfranken ist es so, „dass die Hosen Huusn und die Hasen Hoosn haaßn". Jaja, so ist das.

Horch/Horng

Meint das „Hören". „Horch" und „Horng" werden in Franken gerne und häufig verwendet. Ein vorangestelltes „Horch ermol her" oder „Horngs ermol her" („Hör mal her/hören Sie mal her") gibt allem Folgenden eine bewusste Dringlichkeit. „Horngs ermol her, deä Adabbder hodd fei ned bassd!" (Im Elektronik-Geschäft: „Hören Sie mal her, der Adapter hat aber nicht gepasst!")

Hundschdaamäid

Wörtlich: „Hundsteinemüde“, also hundemüde. „Iich fühlmi hundschdaamäid“ („ich bin zu nichts mehr zu gebrauchen“).

Iiewerhabbdz

Das fränkische „überhaupt“. „Iich hobb iiewerhabbdz nix gmachd!“, mit treuer Unschuldsmiene gesagt. Ein Schalk, wer Böses dabei denkt.

...in

Ein sehr häufig gebrauchtes Suffix, meist „den“ bedeutend. Es übernimmt damit den Akkusativ. „Louin ...“ – „lass den“ ... „hobbin ...“ – „hab den“ ..., „machin ...“ – „mach den“. „Louin Roloo roo...“ – „lass den Rolladen herunter“.
Ein dem Wort angehängtes „i“ dagegen meint das „ich“. „Hobbi“ – hab ich ... „brauchi“ – brauche ich ... und so weiter.

Kärwa

Ein wichtiger Bestandteil fränkischen Kulturlebens ist die „Kärwa“, die Kirchweih. Der Maibaum, das Bierzelt, ein paar Buden, „Broodwäschd“ („Bratwurst“), Musik und ein bisschen drum herum, und der Bürgermeister sticht mit zwei Schlägen das erste Faß an. Das genügt in der Regel. Im großen Stil findet das Ganze in Erlangen statt, wenn es „aafn Berch" geht, zur Erlanger Bergkirchweih, dann steht eine ganze Region Kopf. (*siehe S. 72: Seier*).

Karaasch

Vielleicht dient es der Wiedergutmachung, dass der Franke ein Wort im Sortiment hat, das eigentlich weich ausgesprochen werden dürfte, er aber die Garage gerade deshalb als „der (!) Karaasch" bezeichnet. Eine kurze Zeit lang hatte Bayern ja auch einen mittelfränkischen Ministerpräsidenten, der vorsorglich allem Weichen die nötige wie auch unnötige Härte gab. Zitat: „Ich möchte hier als Präsitent petonen, tass wir Franken turchaus ter hochteutschen Sprache mächtig sint."

Kumbl

Ein echter Franke hat keine Freunde, sondern „Kumbl" („Kumpel"), was nichts anderes ist. Unterschieden wird dabei zwischen „Kumbl", „gouder Kumbl" („guter Freund") und „bessder Kumbl" („bester Freund"). „Iich bring a boar Kumbl miied" („Ich bringe ein paar Freunde mit") verheißt einen geselligen Abend. Hat ein Kumbl eine Partnerin, so ist die „in Kumbl sei Bumbl".

Neudeutsch/Neufränkisch Mit neuen Begriffen, die sich im deutschen Wortschatz verankern, geht der Franke genauso lässig um wie mit allen herkömmlichen. Sei es der „Bäddscheler" („Bachelor"), der „Äbbl-Kombjuuder" („Apple-Computer"), die „Bladiehner" („Platine"),der „Andibassdi-Deller" („Antipasti-Teller"), die „Schdänndbai Fanngdschn" (Standby-Funktion) oder wenn er was „inndie Dassdaduhr dibbn" muss („in die Tastatur tippen").

Ladde dogo

Hier wird's fast afrikanisch! Dabei ist es nur die fränkische Order einer „Latte to go". Dazu dann noch ein „Dschabadda" („Ciabatta").

Laddern

Der Franke will hoch hinaus. Zumindest bei den reichlich vorhandenen Obstbäumen. Hier braucht es „a Laddern", eine Leiter. „Fläich ned vodder Laddern roo!" („Pass auf, dass Du nicht von der Leiter fällst!") ist der gebräuchliche Warnruf, der im Sommer über alle Streuobstwiesen schallt.

Laid

Das sind die Leute. Und über die spricht der Franke meist etwas bekümmert und vorwurfsvoll, denn er meint ja die „Laid“, und das sind die anderen und nicht er selber. „Suu is däss midd dänne Laid“ („So ist das mit den Leuten“), „Die Laid wärrn aa ned gschaider“ („Die Leute werden auch nicht klüger“), „Woss hommsi die Laid dou widder denngd?!“ („Was haben sich die Leute dabei wieder gedacht?!“. Vielleicht kein Zufall, dass in der Aussprache das hochdeutsche „Leid“ exakt gleich klingt.

Loumiaamied

Nicht erschrecken vor diesem Wort! Einfach entspannt laut und buchstabengetreu lesen. Im Grunde sind es vier Wörter, „lou“, „mi“, „aa“ und „mied“, sinngemäß also „lass mich auch mit“.
„Loumiaamied“ wird auch als Substantiv eingesetzt, im Sinne von „Däss is suu a Loumiaamied“. Damit meint man: Der will überall dabei sein. Ein besonders hektischer Zeitgenosse leidet am permanenten „Loumiamiied“ (*siehe S. 109: „Bäiderla aaf alle Subbm“*).

Lou/Loun

Lass/Lassen. „Louder Zaid“ („Lass dir Zeit“), „Lounern in Rouh“ („Lass ihn in Ruhe“), „Iich hobbnern gäih loun" („Ich habe ihn gehen lassen"). „Lehm un Lehm loun" („Leben und leben lassen").

Lumberd

„Däss is a lumberde Woar" („Das ist eine lumpige Sache"), also nichts wert. Gerne wird auch von „a lumberds Glumb" gesprochen.

Maadler

Das ist das Mädchen. Sie werden gern versehen mit dem Attribut „oadli" („goldig, süß," *siehe S. 44*), „a oadlis Maadler" heißt es dann. Mitunter sind sie auch "gaschdich" („garstig"), „buzzich" („putzig") oder „gschaamerd" („verschämt").

Machmerned

Nein, das ist kein türkischer Vorname! „Machmerned" heißt schlicht „machen wir nicht". Wortbrüder sind „Hommerned" („Haben wir nicht"), „Brauchined" („Brauche ich nicht"), „Willined" („Will ich nicht"), „Wassined" („Weiß ich nicht") und „Däss gizzdoch-ned!" („Das gibt es doch nicht!").

Mecherd

„Möchte", wörtlich: „Würde mögen". „Iich mecherd edz ganz gern zoohln!" („Ich möchte bezahlen!"). Oder im Lottoladen: "Iich mecherd aa Mol a weng a

Glügg homm!" („Ich möchte einmal im Leben etwas Glück haben!").

Moosbüffl

„Liebevolle" Bezeichnung der oberpfälzer Nachbarschaft, auf die der Franke gern herabblickt. Der wahre Grund liegt in der Hoffnung, dass es andere gibt, denen es noch schlechter geht. Denn der Franke fühlt sich in Bayern unwohl, grundsätzlich benachteiligt, und er sieht die bayerische Staatsregierung eher als Bedrohung an.

Muffmsausn

Hat einer „Muffmsausn", dann geht bei ihm die Angst um. Vor der Führerscheinprüfung, vor existenziellen Entscheidungen oder vor dem ersten Rendezvous.

Muffln

„Deä muffld a weng", „dou muffldz" – das kommt von „muffeln" oder „müffeln" und dokumentiert den olfaktorischen Ist-Zustand. „Mufflsd scho widder ummernander?" meint dagegen das Herumnörgeln. Ein „Muffl" wiederum ist ein maulfauler unhöflicher Mensch. „Däss is scho a rechder Muffl", das kann jemand sein, der nicht grüßt und mit nichts und niemandem was zu tun haben will.

Muggn

Sie sind eine Sommerkrankheit, die „Schdechmuggn", („Stechmücken"). „Alles fuller Muggn!" lautet die Klage. Und wehe, keiner hat einen „Muggnbaddscher". Synonym sind auch die „Schnoogn" („Schnaken").

Nachdgiecher

Meist ist damit ein männlicher Mensch gemeint, der gern des Nachts durch die Straßen und beigehefteten Kneipen zieht. Wörtlich: „Nachthähnchen".

Nauswäddz

Neigt sich der Sommer dem Ende zu und die Tage werden merklich kürzer, geht es „nauswäzz" („rauswärts"). Natürlich gibt es auch „neiwäzz" („reinwärts").

Nämberch

So und nicht anders wird sie ausgesprochen, die fränkische Metropole Nürnberg. Unaufgeregt und selbstverständlich sollte das Wort den Mundraum verlassen – „Nämberch" eben.

Neidabbn

„Dou binni widder voll neidabbd!" – „da bin ich wieder voll ins Fettnäpfchen getreten". „Neidabbn" schließt aber auch das tatsächliche Hineintreten ein, wenn die Mutter mahnt „Ned in die Bfüzzn neidabbn!"

Neigschmeggder
Damit meint man einen Zugereisten, einen „Hineingeschmeckten“. So einer hat in fränkischen dörflichen Gemeinschaften einen schweren Stand. Eine Verbesserung seiner Situation kann, wenn überhaupt, nur entstehen, wenn er sämtlichen ansässigen Vereinen beitritt und diese tat- und finanzkräftig unterstützt.

Nissich
Wer „nissich“ ist, verkörpert Eigensinn und nörgelnde Rechthaberei. In jedem Fall ist so einer mit der Gesamtsituation unzufrieden.

Noochkaddln
„Nachkarteln“, im Sinne von „nachtragend sein“. „Mussdu dou eewich noochkaddln?!“ („musst du immer wieder damit anfangen?“). Also wer „noochkaddld“, gibt keine Ruhe.

Nochädd/Nocherdla
„Nachher“. „Nocherdla gäihi nu gschwind zum Bägger“ („Nachher gehe ich noch schnell zum Bäcker“). Ein „Nochädd“ kann auch ein „irgendwann“ sein, oder auch ein „vielleicht gar nicht“. Ein „Däss machi nochädd schonnu“ meint: „mal sehen, ob ich das dann noch mache“.

Langdz, wenni in Hibisguss nochädd gäiß?
Naa, wall nou wädderder dörr, nou verdödderder!
Rodscher

Oadli

Goldig, süß. Wird gerne auf Jungen (*siehe S. 15: „Bou“*) und Mädchen (*siehe S. 39: „Maadler“*) angewendet. „Däss Maadler is obber oadli“ („Das Mädchen ist aber goldig“) oder „Du bissd obber a oadligs Maadler“ („Du bist aber ein süßes Mädchen“).

Oodou

„Hossder woss oodou?“ („Hast du dir was angetan?“), die besorgte Frage der Mutter zum Kind. Nicht zu verwechseln mit „Oo, dou hobbi gwiss woss falsch gmachd?“ („Oh, da habe ich wohl was falsch gemacht?“).

Schaindz/woarscheinz/woddschainz

Mit „schaindz“ ist ein „es scheint mir“ oder „ich glaube“ gemeint. „Deä is schaindz bsuffn“ („Ich glaube, der ist betrunken“). „Woarscheinz“ wiederum steht für „wahrscheinlich“. „Woarscheinz wädd däss nix mehr middn Wädder“. Oder „Woddschainz binni zu bläid für däi Woar“ („Wahrscheinlich bin ich einfach zu blöd“).

Schbrazzln

Es kommt nicht allzu häufig vor, dass ein Wort so klingt wie das, was es ausdrücken will, „schbrazzln“ ist eines davon. „Auwäih, däss hodd gschaid gschbrazzld!“

Aussprache: das „mer“, das „mä“ und das „mir“
In der Aussprache liegt die Wahrheit dazwischen, also ein „mer“, das ein Stück weit als „mä“ gesprochen wird, ähnlich dem englischen „where“, nur schneller im Abgang. Es steht im Mittelfränkischen für das „wir“ oder das „mir“, sofern es als Suffix an ein Wort angehängt wird, also: „hommer“ („haben wir“), „hobbmer“ („habe mir“), „simmer“ („sind wir“ – oder „sind mir“), „gemmer“ („gehn wir“ – oder „gehen mir“), „Loumer“ („lass mir“), „schdennermer“ („stehen wir“ oder „mir“), „könnermer“ („können wir“) und so weiter.
Steht dieses „mer“ jedoch vor dem Verb, ändert sich die Bedeutung zu einem allgemeinen „man“. „Mer/mä koo soong“ heißt also „man kann sagen“, „Mer hodd nix mehr gseen“ („Man hat nichts mehr gesehen“), „Mer is bei suwoss immer der Debb“ („Man ist bei so etwas immer der Dumme“), „Mer willja nix bäis“ („Man will ja nichts Böses“) ...
Das „mir“ löst wiederum vor dem Verb das „wir“ ab, ähnlich dem bayrischen „mir san mir“. „Mir sinn kombledd“ („Wir sind vollständig“), „Mir hommscho zohld“ („Wir haben bereits gezahlt“). Eigentlich furchtbar!

sagt der Franke nach dem gerade erlebten heftigen Kurzschluss. Vom „Schbrazzln" spricht der Franke auch, wenn das Fett in der Pfanne knistert.

Schbozzn

Spucken. „Ned aafn Buudn schbozzn!" („Nicht auf den Boden spucken!"). Mit „Dou hodder obber gschbozzd" meint man dagegen ein „Da hat er aber geschaut!".

Schdrasserbooh

Liedtext-Auszug (Maximilian Kerner): „Gouder Moo, is däss die Schdrasserbooh aaf Fädd noo? – Naa naa, goude Fraa, däi gäihd aaf Ziecherlerschdaa!".
Alles verstanden? Nein? Na dann hier die Auflösung: „Guter Mann, ist das die Straßenbahn nach Fürth hinunter?" – „Nein nein, gute Frau, die geht nach Ziegelstein".

Schdrümbferdz

In Socken herumlaufen ist „schdrümbferdz" („strümpfig"). „Läffsd scho widder schdrümbferdz ummernander!"

Oma geht mit den Enkelkindern in den Zoo. Bei den Störchen sagt sie: „Un däss sinn die buzzichn, fleissichn Vööchl, däi wou däi Bobberla aaf die Weld bringer". Der Bruder stupst die Schwester an und flüstert: „Wäih schaudz aus, gläärmers aaf odder loumers dumm schderm?".

Schiggsn

Die „Schiggsn" wurde dem jiddischen „Schickse" (unverheiratete Frau) entliehen. Hier jedoch meint man damit eine Frau, die nach Ansicht des Betrachters zu hochgestochen und/oder aufgedonnert daher kommt und dabei ihrem Auftreten oder Outfit mental nicht gewachsen ist. „Däss is viellaichd a Schiggsn!" oder „Schauder däi Schiggsn oo, wäihsersi widder zammgschdelld hodd!"

Schnalln

Eine „Schnalln" bedeutet einerseits eine Gürtelschließe, andererseits ist es die Bezeichnung für eine Prostituierte.

Schou

Die Schuhe eines Franken sind die „Schou", exakt wie „Show" gesprochen.

Schrabnelln

Kommt von „Schrapnell“. Damit ist ein bösartiges Weib gemeint. Und so etwas kommt in Franken praktisch überhaupt nicht vor.

Schubfm

Mit „Schubfm“ meint ein Franke einen Schuppen, eine Scheune oder ein Gerätehaus.

Verhunzn

Was „verhunzd“ ist, ist vermasselt, ruiniert oder verdorben. „Edz hobbis Bild verhunzd“ („Jetzt habe ich das Bild ruiniert“), ruft der am Boden zerstörte Hobbymaler. „Verhunzmer ned middaim bläidn Körri is Essn!“ („Verderbe mir mit deinem blöden Curry nicht das Essen!“).

Der bayerische Ministerpräsident besucht den Nürnberger Christkindlesmarkt. Eine Marktfrau, die Hutzelbrot anbot, reicht dem Gast ein „Versoucherla“ („Häppchen“) und sagt: „Scheff, däss däffsd scho fressn, mei Woar is goud!“

Verrazzd

Wer „verrazzd" ist, der hat verloren oder befindet sich in einer ausweglosen Situation. Und darin wähnt sich ein Franke gerne und häufig. Einem „Edzzer binni verrazzd" folgt deshalb auch häufig ein „Däss woar mer gloar, dass däss suu kummd". Meist sind die andern schuld.

Verscherbln

Der Franke geht gerne auf Flohmärkte, um Überflüssiges gewinnbringend zu „verscherbln", also zu verkaufen. „Däi Woar wädd verscherbld" („Das Zeug wird verkauft"), inzwischen mehr und mehr über ebay.

Wabblerd

Wabbelig. „Wabblerd" kann vieles sein. Ein Pudding („a wabblerder Budding"), ein Bauch „deä hodd an wabblerdn Bauch", oder etwas „wabbld ummernander" („etwas wabbelt herum").

Wäbbln

Wir haben es in meiner Schulzeit geliebt! Auf glattem Boden schlitterten wir geschickt 10-Pfennig-Münzen gegen die Wand. Wessen Geldstück zuletzt den geringsten Wandabstand vorwies, durfte alles einstreichen. Das Spiel war innerhalb der Schule verboten, was den Reiz zusätzlich erhöhte. Wahrscheinlich gibt's „Wäbbln" demnächst als App.

Wäizau

„Wie die Sau". Ein gemeintes „enorm" oder „gewaltig". „Däss brennd aafder Haud wäizau!" („Das brennd gewaltig auf der Haut!"), „Deä schdingd wäizau" („Der stinkt enorm").

Waggerler, a glanns

Die liebevolle Bezeichnung eines kleinen netten Buben. Das ärgerliche Gegenstück dazu ist der „Bangerd" (wörtlich: „ein auf der Bank gezeugter) oder der klassische „Roddzlöffl".

Wamberd

Mit „wamberd" beschreibt der Franke die Körperfülle um den Bauchbereich herum. „Gscheid wamberd" stellt die Steigerung dar. Die Ursachen sind die Gleichen (*siehe S. 55: „Speis & Trank"*).

Wergli

Meint „wirklich". Zur Unterstreichung und Unterstützung des Gesagten kommt es oft zum Einsatz. „Däss is wergli nix" („Das taugt wirklich nichts"), „Du hossd wergli an Badscher" („Du bist wirklich total verrückt"). Manches Mal liegt im„wergli" auch was

Flehentliches. „Iich hobb wergli nix gsachd!“ („Ich habe wirklich nichts gesagt“), „Iich hobb wergli nix gsuffn“ („Ich bin wirklich nüchtern!“).
Der Nürnberger Komiker Herbert Hisel feierte in den 1960er Jahren mit seinen Sketchen und dem immer wiederkehrenden „jou wergli“ („Ja wirklich“) große Erfolge.

Woud

Die Wut. „Dou grichi suu a Woud!“ („Da bekomme ich so eine Wut!“), „Loudai Woud ned an miier aus!“ („Lass deine Wut nicht an mir aus!“).

Zäschd

„Zäschd“ („zuerst“), ein wichtiges Wort! Damit schiebt sich der Franke an, definiert Reihenfolge und Gewichtung von Tun und Treiben. Mündet meist in einem „Zäschd hoggmersi ermol hiie.“ („Jetzt setzen wir uns erstmal.“)

Zäicherd

Leitet sich von „ziehen“ ab. „A zäicherde Woar“ ist eine Sache, die sich in die Länge zieht. Gern gesagt wird auch „Däss zäichdsi hii“ („Das zieht sich hin“).

Zaichunwoar

„An Haafn Zaichunwoar" („Eine Menge Zeug und Ware"), also irgendwie alles zusammen und von allem zu viel.

Zammzilln

„Däss moui äschd ermol zammzilln" („Das muss ist erst mal ausrechnen").
„Koosdu ned Aans un Aans zammzilln?!" („Kannst du nicht Eins und Eins zusammenzählen?!").

Zibberler

Wenn einen „is Zibberler bloochd", dann plagt ihn ein Gebrechen. „Is Zibberler" reicht vom Hexenschuss über Kniebeschwerden bis zum Magendrücken.

Zoobäschdn

Nein, nichts mit Tiergarten! Einfach „Zahnbürste" mit reinem „O" gesprochen. Der Zahn als solches wiederum ist der „Zoohn", in Mehrzahl die „Zäih" oder die „Zähn" oder schlicht die „Beißer" oder „Haggerla". „Iich hobbmer zwaa Zäih zäing loun" – „ich habe mir zwei Zähne ziehen lassen". Heißt es dagegen „Iich hobbmer mei Zäih brelld", dann betrifft das die Zehen. Im Zusammenhang erschließt sich oft erst, was eigentlich gemeint ist.

Zoudegg
Die „Zudecke“, also das wärmende Deckbett. „Gibbmer mol mehr vo dera Zoudegg“ („Gib mir mal mehr von der Zudecke“) sagt die frierende Fränkin zum Mann, der mal wieder sämtliche Daunen für sich beansprucht.

Zweggerd
„Zweggerd“ steht für „fest“ und „fleischig“. „Deä Bou is obber rechd zweggerd“, („Der Junge ist aber recht fest gebaut“).

Zwedschger
„Deä glaa Zwedschger“ („Die kleine Zwetschge“), ist ein Kleinkind. Ein „Zwedschger“ kann jedoch auch ein Zwetschgenschnaps sein. Die „Zwedschgn“ dagegen sind schlicht und einfach die Früchte.

SPEIS & TRANK

CRASHKURS

Tut mir leid, aber wir haben keine freien Plätze mehr.
Mir sinn full!

Wer von Ihnen hat die Wurstplatte bestellt?
Wer grichdn dou däi Woschdbladdn?!

Ich bringe gleich das Besteck.
Is Bschdegg kummd glei!

Ich frage nach, ob wir das noch haben.
Moui schauer, obbmer däss nu homm.

Die haben ordentliche Schnitzel.
Bei dänne hängdis Schnizzl iiwern Deller.

Haben Sie noch Sellerie?
An Zellerie homms gwiss ned?

Ich esse grundsätzlich alles auf.
Läiwer in Moong verrengd wäih im Wädd woss gschengd.

Noch einen Schnaps bitte!
Aaf amm Baa schdäihdzis schlechd.

Da schwimmt eine Fliege in der Suppe!
Horngs, dou schwimmder Muggn in der Subbn!

Lass es dir so richtig schmecken, Junge!
Bou, hauner gschaid nei!

Ich nehme besser von der Leber.
Iich nimm läiwer vodder Leewer.

Ich backe das Baguette noch mal auf.
Iich douis Bagedd a weng aafbaggn.

Iss anständig!
Dou ned suu rumsuggln!

Ich hätte gerne einmal ein Marmaladenglas.
Iich mecherd aamol a aanzichs Mamalaad-naamerla homm.

Abflbuzzn

Der „Abflbuzzn“ ist das, was nach Verzehr vom Apfel übrig bleibt.

Bäiderla

Die Petersilie ist in Franken häufiger Küchengast, im Hackfleisch, im Auflauf, im Salat oder als dekoratives Finish.

Baggers

„Baggers“ ist der klassische beliebte Reibekuchen, bestehend aus Kartoffeln, Zwiebel, Eigelb, Salz, Pfeffer und Muskat.

Baggschdaakäs

Wer ihn mag, lässt nichts über ihn kommen. Für den Rest ist er einfach eine stinkende Zumutung, der Backsteinkäse oder auch Limburger.

Bfannerkoung

sagt man in Franken zu Pfannkuchen. Gebräuchlich ist das Wort auch bei der Redensart. Mit „Ihr hobbt gwieß Bfannerkoung daham hänger?“, macht man einen vergesslichen Menschen darauf aufmerksam, die Türe zu schließen.

Bfiffer

Der Franke ist Jäger und Sammler, und es gibt viel Wald. So heißt es ab Juli alljährlich „Haid gengermer in die Bfiffer!“. „Bfiffer“ steht dabei für Pilze allgemein, bezeichnet aber im speziellen den Pfifferling, der gerne auch als „Gelberla“ oder „Eierschwamm“ bezeichnet wird.
Daneben gilt die Jagd auch den „Marohner“, dem „Schdaabilz“ und dem „Barasohl“.

Ein Mann führt seine Frau zum Essen aus. Als er die hohen Preise auf der Speisekarte sieht, sagt er zu ihr: „Na, woss moggsdn essn, mai glanns Diggerla?“

Bloudwoschd

Blutwurst ist Geschmackssache. Der eine liebt sie, der andere findet sie schlicht furchtbar. Die „Bloudwoschd“ ist traditioneller Bestandteil der Schlachtschüssel, die es nur an Schlachttagen gibt. Neben Blutwurst wird Kesselfleisch serviert, Leberwurst und oft noch mageres Fleisch, nebst Innereien. Dazu gibt's Kartoffeln, Sauerkraut und frisches Bauernbrot.

Mahlzeit! Der Franke isst gern und umfangreich. Die „Glöös“ („Klöße“) oder „Gniedla“ („Knödel“), das „Schäuferla“ („Schäufelchen“ – Schulterblatt des Schweines) und die „Broodwäschd“ („Bratwürste“) sind ihm heilig. Und spätestens am Sonntag geht's hinaus aufs Land. Die entscheidenden Kriterien für die Wirtshauswahl sind dabei nach wie vor Preis und Größe des Gerichts. Noch heute fährt der Franke gerne 30 Kilometer weiter zum nächsten Wirtshaus, wenn dort der Schweinebraten um 50 Cent billiger ist. Und Schnitzel, die weit über den Tellerrand hinaus ragen, werden als Insider-Tipps gehandelt.

Bräiserler

„Du hossd a boar Bräiserler aaf der Huusn“ – na, wissen Sie's jetzt? Genau, die Brösel auf der Hose sind gemeint. Dank Brezeln, Brötchen und Streuselkuchen wird in Franken viel gebröselt (*siehe S. 95: „Derbräisln“*).

Bröggerler

In anderen fränkischen Gegenden heißt es „Breggerli“ oder „Breggerler“. Übersetzt: Bröckchen, Kleinteiliges, meist Stücke von Teigwaren. Mit „Bröggerler“ werden zum Beispiel Enten gefüttert. Umgangssprachlich sagt man aber auch „Deä hodd Bröggerler glachd“, wenn sich jemand übergeben hat.

Broodwoschd

Die Bratwurst ist Sinnbild fränkischer Lebensart. Da gibt es zum einen die kleinen feinen Nürnberger Bratwürste, dank EU-Richtlinien inzwischen geschützt vor läppischen Plagiaten, zum anderen die gute alte Fränkische Bratwurst, serviert wahlweise mit „Kadofflsalood“ oder klassisch mit „Graud“ und „Sembft“.

Bodaggn

Kommt vom spanischen „patata“, Kartoffel. Was in Franken dann jedoch „Baddadda“ hieße. Dann lieber „Bodaggn“.

Bressagg

Ob Weißer oder Roter Presssack (mit Schweineblut) oder am besten beides, er ist bei fränkischen Brotzeiten unverzichtbar. Es ist eine Kochwurst aus Schweinefleisch und Schweineschwarten (manchmal auch mit Rinderzunge) und wird in flüssiger Form in einen Schweinemagen abgefüllt. Gekocht und nach dem Erkalten und Gelieren der Masse in Scheiben aufgeschnitten serviert – oder als „Bressagg midd Musigg“ (*siehe S. 69: „Schdaddwoschd ...“*).

In der Metzgerei

Verkäufer:	„Mir homm haid ann günsdichn Vodderschinkn."
Kunde:	„Wou issn deä?"
Verkäufer:	„Deä Vodderschinkn lichd hinder deä Woschd, vorm Hinderschinkn."
Kunde:	„Nou grichi vodder Woschd."
Verkäufer:	„Naa, Vodderwoschd hommer ned. Vodderschinkn könners homm."
Kunde:	„Ach, dann gehmsmer vodder Woschd und vom Hinderschinkn is voddere Schdügg."
Verkäufer:	„Un wäih gäihdzn Ihrm Vodder, walls mer grood suu eifälld?"
Kunde:	"Mei Vodder, deä is grood aaf Kur in Hinderzardn."
Verkäufer:	„Vodder dou öffders hinder?"

„Vodder" = „Vorder-", „Vater" und „fährt er";

Buddlasbaa

So nennt der Franke das Bein vom Huhn. Und a „oozulldz Buddlasbaa" ist ein angenagtes Hühnerbein.

Drei in am Weggla

Jeder kennt dieses fränkische Fast-Food, millionenfach auf dem Christkindlesmarkt und anderen Massen-Events von Touristen verzehrt: Drei Nürnberger Bratwürste vom Grill im Brötchen. Leider führt so ein Massenverkauf häufig dazu, dass auf Vorrat gegrillt wird und die armen Würstchen dann schwärzlich vertrocknet daher kommen.

Düürschwellnhubbfer

Der Türschwellenhüpfer ist eine Kleinigkeit zum Essen, die in der Regel nicht lange vorhält, also „eine Füllung für einen hohlen Zahn".

Gaggerler

Ein Huhn gackert. Das Ergebnis sind die „Gaggerler", die Eier. Einzahl gibt es nicht, da heißt es „Ei".

Gnärzler

Das ist das rindige Endstück eines Brotlaibs. Beliebt, wenn es schön knusprig und frisch ist.

Gniedla/Glöös

Mit die wichtigste Beilage. Natürlich nur aus Kartoffeln, mit rösch gerösteten Brotwürfeln in der Mitte, die „Gräwerla". Und schön locker-fluffig müssen sie sein, ganz wichtig! Und ordentlich mit „Soos".

DER FRANKE SACHD – DER FRANKE MEINT

Hoddscho bassd.	Das Essen war ausgezeichnet!
Hobbder nu a Dellerla üübrich?	Kann ich da noch mitessen?
Däss is obber a rechde Bräih.	Das Bier ist zu warm.
Aaf dera Leewergniedlasubbm fehldis Bäiderla.	Auf der Leberknödelsuppe fehlt die Petersilie.
Fürn Gschmagg doui nu a weng a Bebberohni naischnibbln.	Ich mach's noch etwas schärfer.
Gemmer nu aaf a Seidler?	Gehn wir noch ein Bier trinken?
Deä Salood schaud ned goud rüüwer.	Der Salat macht keinen guten Eindruck.

Giecherla/Giecher

Das Hähnchen ist damit gemeint. „A halbs Giecherla" oder „An halbn Giecher" – vom Imbissstand ihres Vertrauens, dazu „Bommes", und alles ist gut. Das weibliche Geflügel dagegen ist die „Henner" und findet ihren sprachlichen Niederschlag meist im Beschimpfen: „Bläide Henner". Im Kulinarischen jedoch heißt es dann wieder „Hühnersubbn". Ich kann nichts dafür.

Gmäis

Sagt die Frau „Iich bring a weng a Gmäis miied", stöhnt der Mann. Aber „a weng a Gmäis mou scho sai". Gemüse ist das Feigenblatt der Fleischeslust. Ob Gelweruum oder Gelleroum („Gelbe Rüben" oder auch „Karotte" oder „Möhre"), „Kolleraam" („Kohlrabi"), ob „Zwiefl" („Zwiebel"), „Schdorzernärla" („Schwarzwurzel") oder Zelleri" („Sellerie") – notfalls isst man das halt auch.

Ingreisch

Der kulinarische Fachmann bestellt seinen Karpfen immer mit „Ingreisch". Dann bekommt er zusätzlich die gebackenen Eingeweide, von Vielen (nicht von Allen!) als besonders lecker empfunden. Früher wurde als Ingreisch auch der Rogen serviert.

Koung

Kuchen. Trotz Industrialisierung des Backgewerbes mit Fertig-Backmischungen und Einheitsgeschmack bei Käsekuchen und Nusskränzen hat sich in Franken noch solides traditionelles Backhandwerk bewahrt, wenngleich es mittlerweile ein Nischendasein führt. Nachfragen lohnt! Weil es gibt ihn noch, den leckersaftigen „Keeskoung", die himmlischen „Grabfm" („Krapfen"), üppige „Doddn" („Torte"), „Abbfldaschn" („Apfeltaschen"), „Schdriezl" („Hefezopf") und „Gnäiküchler" („Schmalzgebäck"). Und natürlich den „Läbbkoung" („Lebkuchen"), der besonders deutlich den himmelweiten Unterschied zwischen läppischer Industrieware und feiner Handwerkskunst schmecken lässt.

Moongdrezerla

Ein „Moongdrezerla" ist eine unscheinbare kleine Kostprobe, die den Magen gerade mal sanft streift, also den Hunger eher fördert denn mindert. Das kann durchaus auch für einen zu klein geratenen Schweinebraten gelten.

Naggerde

Eine ihrer Hülle beraubten Bratwurst, von der man lediglich das Gehäck isst, meist auf Brot, mit Zwiebeln und Paprika – auch „Kaddzbrood" genannt. Daneben gibt es noch ein „Naggerdz Jocherd" (Naturjoghurt).

Neileichdn
Meint „Hineinleuchten“, ist aber eher ein Vernebeln der Sinne, denn es steht für übermäßigen Alkoholgenuss.

Neischbachdln
„Hineinspachteln“, das in sich hinein schaufeln von Nahrung, gerne und oft im Übermaß. Dergestalt werden an sonnigen Wochenenden ganze Ställe leer gefressen. Hinterher wird verzweifelt versucht, den Cholesterinspiegel mit Schnäpsen zu regulieren.

Blaue Zibfl oder **Saure Zibfl**
Sehen auf dem Teller nicht übertrieben appetitlich aus, schmecken aber! Rohe Bratwürste, in einem Sud aus Zwiebeln, Essig, Weißwein, Salz und Zucker bei schwacher Hitze gekocht. Sie werden mit etwas Sud und Zwiebeln serviert.

Noocherla
Das „Noocherla“ ist der traurige Rest im Bierglas, der inzwischen Zimmertemperatur erreicht hat und etwas trüb drein blickt.

Doch ein ehrbarer Franke lässt auch das nicht zurück. „Iich drink schnell nu mei Noocherla aus, nou gengermer“. In Wahrheit wird meist wird nachbestellt.

Rollaadn

Die Roulade – Gurke, Zwiebel, Speck, Senf und vielleicht noch ein Salbeiblatt, eingewickelt in eine dünne Scheibe Rindfleisch. Nicht zu verwechseln mit dem „Rolloodn“, dem Rollo.

Sabbern

Hier geht es um unvollkommene Tischsitten. „Schau hie, wäihsd widder gsabberd hossd“ („Schau mal, wie du wieder gekleckert hast!“), gefolgt von einem „Däss grichi nimmer naus!“ („Die Flecken krieg ich niet mehr raus aus dem Hemd!“)

Salood oder Zalood

„Machin Salood oo“ – mach ihn an, den Salat. Womit? „Middam Jocherd-Dressing“!

Ein norddeutscher Tourist sitzt in einem fränkischen Wirtshaus und sieht, wie ein Stammgast ein riesiges Schäuferla serviert bekommt. „Um Gottes Willen, essen Sie das allein?!“ – „Naa naa, dou kummer scho nu a Boar Gniedler derzou“.

Schbruuz
Der „Schbruuz“ ist ein kleines Schlückchen. „Dou nu an Schbruuz Dschinn nai“ („Tu noch ein Schlückchen Gin rein“) ist die Aufforderung an den Barkeeper, dem Cocktail die nötige Härte zu verleihen.

Schäuferla oder Schäuferle
Vegetarier haben in Franken einen schweren Stand, denn Fleisch beherrscht die Küche. Und das „Schäuferla“ (Rezept siehe S. 73) ist der König!

Schdaddwoschd midd Musigg
Eine Fleischwurst, mit Essig, Öl und Zwiebeln angemacht. Wie namentlich die Musik hinzu kam, kann nicht schlüssig beantwortet werden.

Schbarchers
Um den Spargel toben alljährlich ideologische Kämpfe, wer wann wo den besten hat und ob es überhaupt zulässig ist, auf ausländische Produkte zurückzugreifen, wo doch Franken die Ur-Region allen besten und einzig wahren Spargels ist. Kampfplatz zwei ist die Frage, ob Spargel unter wachstumsbeschleunigender Folie reifen darf, ob das den Geschmack beeinflusst und überhaupt, wer den besten Spargelbauern weit und breit kennt. Wochen des Suchens und Fragens – und des Genießens.

Woss sollnern däss Gwerch dou?!
Unser Sbäschl-Sörwiss: Schdaddwoschd midd Musigg!
HORSCH
Rodscher

Schdamberler

Sagt der Gast „Bringers nu a Schdamberler“, dann kommen 2 cl Hochprozentiges, es sei denn, es wurde nach einem „Dobbldn“ verlangt. Da Franken eine Hochkultur der Schnapsbrennerei ist („Mir homm wergli die bessdn Schnäbbs!“), gibt es eine Unzahl von Sorten. Der „Willi“ („Williams Christ“) ist eine der gängigsten, daneben sind „Schleher“, „Obsdler“, „Zwedschger“, „Hooslnuss“ und „Mirabell“ sehr beliebt. Beliebt und allseits geschätzt ist dabei der Ruf durchs Wirtshaus: „Däih Rundn gäihd aaf miiech!“

„Wissu schbilld dai Alde eichedli Klavier? Däi iss doch dodahl unmusikalisch!“ – „Nerja, däss scho. Obber wennz schbilld, kochdz schomol ned.“

Schdobfer

Einen „Schdobfer“ macht man mit „Bodaggn“ (*siehe S. 61*). Von breiig-stabiler Konsistenz, mit etwas Muskat und einem ordentlichen Stück Butter angerührt, stopft der Kartoffelpüree in Franken täglich tausende hungrige Mäuler. Vor allem bei Kindern beliebt, da das lästige Kauen entfällt.

Seidla/Seidler

„Scheff, bringmer nu a Seidla!“ („Herr Ober, bringen Sie mir noch einen halben Liter Bier“), „Aa Seidler gäihd nu“ oder kurz „Anns gäihd nu“. Und dass „Seidler“ und „Seier“ (*siehe unten*) eng verwandt klingen, ist wohl reiner Zufall.

Seier

Wer „ann Seier“ hat, der ist betrunken. Wer „ann Drümmer Seier“ hat, ist sehr betrunken („bsuffn“). Synonym hierfür ist auch der „Breller“, oder halt „ann Drümmer Breller“, „gscheid bsuffn“, „haggedichd“ oder „full wäih a Haus“. Meist muss der dann „schbeier“, also speien. Oder, wenn dann noch Auto fahrend, „sein Labbn abgeehm“ – sich vom Führerschein verabschieden. Dem ging meist ein gelalltes „Iich kooscho nu foahrn, glaabsmer ...“ voraus.

Wädd

Der „Wädd“ („Wirt“) genießt in Franken höchste Beachtung, er ist die zentrale Anlaufstelle an Sonn- und Feiertagen. Nicht umsonst heißt es meist „Wirtshaus“ und nicht „Gasthaus“. Wer den Wirt persönlich kennt, ist argumentativ im Vorteil: „Mir genger zum Oggsn, wall dou kenni in Wädd“ – das spart oft Gerangel um die besten Plätze. Und schnell kreisen Gerüchte, wenn es heißt „Dou is a naier Wädd draff“.

Schäuferla

2 mittelgroße Schäuferla (Schulterblatt des Schweins)
Etwas Schweine- oder Butterschmalz
1 große gelbe Rübe, 2 Scheiben Sellerie,
3 Knoblauchzehen, 1 Petersilienwurzel,
1 große Zwiebel, 2 Markknochen (wenn vorhanden)
Ofen auf 220 Grad vorheizen.
Die Schäuferla waschen, gut salzen, pfeffern und mit der Schwarte nach unten in den Bräter legen, etwas kochendes Wasser und die Knochen dazu und 20 Minuten zugedeckt dämpfen. Dann die Schwarten rautenförmig einschneiden. Wenn das Wasser verdampft ist, Schweineschmalz, etwas gestoßenen Kümmel und Majoran dazugeben. Jetzt die Schäuferla von allen Seiten anbraten, seitlich kochendes Wasser dazu geben (etwa 2 cm) und mit der Schwarte nach oben weiter braten. Gemüse hacken und dazugeben. Während des Bratens (Bratzeit je nach Größe ca. 60 Minuten) immer wieder Flüssigkeit zugeben. Schwarte mit Bier bestreichen und zuletzt grillen, das macht sie knusprig. Fleisch aus dem Bräter nehmen, warmhalten. Bratensatz lösen, durch Sieb abgießen, aufkochen. Wenn nötig, Brühe angießen, abschmecken. Dazu zwingend Gniedla servieren!
Übrigens: man wird nicht schlanker, wenn man zum Schäuferla einen Salat isst.

Weggla

Kommen Sie nie auf die Idee, in einer fränkischen Bäckerei Brötchen zu ordern, dies würde all Ihre sprachlichen Einbürgerungsversuche mit einem Schlag zunichte machen! Kaufen Sie notfalls „Semmeln“, am besten jedoch „Weggla“. Wollen Sie das Weggla mit Mohn- oder Sesambesatz, dann verzichten Sie verbal auf das Trägermaterial und sagen kurz und knapp „Iich grich zwaa Mohn“. Ein „bitte“ oder „hätte gern“ ist dabei zuviel des Guten.

Zäschdi Gedrännge!

Fränkische Wirtshäuser verfügen über resolutes Personal. Und schnell läuft man in einen schweren Rüffel hinein. Sollten Sie beispielsweise auf die aberwitzige Idee kommen, beim Erstbesuch der Bedienung am Tisch gleich die Speisen ordern zu wollen, haben Sie verloren. Ein unüberhörbares „Zäschdi Gedrännge!“ („Zuerst die Getränke!“) weist Sie sofort in Ihre Schranken.

Ein Lehrer schreibt „XXII“ an die Tafel und fragt: „Was bedeutet diese römische Zahl?“ – „Zwaa Schnäbbs und zwaa Bier!“

Über der Wirtshausterrasse ziehen dunkle Wolken auf. Die Bedienung serviert den Kaffee und sagt „Sichd schwer nach Reeng aus ...“ – „Däss schdimmd scho“, erwidert der Gast, „obber wemmer gschaid hiie schaud, sichdmer scho, dass a Kaffee sei soll“.

Zuzzln

Vom „Giiecher“ oder vom „Koddledd“ – jeder Fleischrest, und sei er noch so klein, wird vom Knochen „roo zuzzld“, also runter geknabbert.

Zwaach

„Zwaach däffs ned sei“ – „zu weich darf es nicht sein“. Vor allem die „Bodaggn“ (*siehe S. 61*) oder „is Gmäis“ (*siehe S. 65*) betreffend.

Hopfen & Malz Franken genießt die höchste Brauereidichte der Welt. Über 300 Brauereien versorgen die Einwohner mit einer enormen Fülle verschiedenster Biersorten. Spitzenreiter ist die Gemeinde Aufseß in Oberfranken. Den gut 1300 Einwohnern stehen da 4 Brauereien gegenüber, was 2001 zu einem Eintrag ins Guinness Buch der Rekorde führte.

LIEBES-
GEFLÜSTER

CRASHKURS

Kinder, die man nicht liebt, können als Erwachsene auch nicht lieben.
Boum un Maadler, woumer ned mooch, däi wärrn grouß un könner nochädd aa kann mööng.

Komm etwas näher.
Ezzer hobbdi ned ersuu.

Sieh mal, wie sie flirtet.
Schau hii, wäihs middie Aung glimberd.

Dein Rock ist zu kurz!
Anközzern Rogg hozz gwiss ned gehm?

Ich hatte halt Lust.
Dou simmer a weng däi Hormoohne durchganger.

Mein Liebes, hättest du Lust?
Und wäih?

Komm, rück näher.
Hobb, kuschl di a weng her.

Kommen wir zur Sache.
Demmer ned lang rum kaschbern.

Zuerst lässt sie einen hoffen und dann stehen.
Zäschd baggerdsdi oo un nochädd wills nix.

Die macht mich nervös.
Däi machdmi ganz figgrich.

Frauen verstehen ist kein Leichtes.
In dänne Weiwer schdeggsd ned drin.

Ihr Männer spinnt alle.
Ihr Mannsbilder hobbdoch alle an Schlooch.

Fortgeschrittenes Alter begünstigt horizontale Trägheit.
Im Alder mergdmer, dass däss Dessdosderohn schwinded.

Aafbreezld

Aufgebrezelt oder aufgedonnert. „Däi hozzi widder aafbreezld", da kann Verachtung oder neidischer Respekt mitschwingen.

Alde, mai/dai/däi

„Mai Alde" (mit ausgeprägtem prälabialen „l" gesprochen; *siehe S. 25*), also „meine Alte", meint die angetraute Frau oder Partnerin – aber nicht zwingend, dass sie auch tatsächlich alt ist. Es ist vielmehr ein in Männerkreisen häufig verwendeter Begriff für die Partnerin als solches. Meist dann, wenn sie dem eigenen Tun im Wege steht, sie nicht begreifbar ist, der Mann Dominanz ihr gegenüber vortäuschen will oder ein abgelehntes Interesse vorliegt.
„Gemmer nu zu mir aafern Dringg, mei Alde is ned derhamm" („Wir können bei mir endlos weitersaufen, meine Frau ist nicht zu Hause"), „Hoddi dai Alde widder zammbuzzd?" („Hat dich deine Frau wieder zur Sau gemacht?"), „Däi Alde koosd vergessn" („Bei der Frau brauchst du dir keine Hoffnungen mehr machen").

Freund: „Wäih gäihdzn midd deiner Fraa?"
Mann: „Iich brauch mei Alde nimmer, iich hobb mei Dai, däi dauchd."

Wäih schaudzn aus? Gemmer nu aaf a Seidler?
Naa. Mai Alde is haid ned goud draff...
FIT

Baa/Baaner

„Schauder däi Baa oo!“, „Däi hodd Baaner, gell?!“. Beine, die kein Ende finden, bei denen auch der Franke in hemmungsloses Schwärmen gerät. „Grumme Baa“ oder „schdambferde Baa“ dagegen sind nicht so sein Ding.

Bfobferer/bfobfern

Ein nach 30 Ehejahren ständig herum nörgelnder Mann. Leider weit verbreitet. „Bfobferer bfobfern“ und „schdängern“ gerne herum und finden in jeder Suppe das Haar.

Eine Fee kommt zum Franken und sagt: „Du hast einen Wunsch frei“.
Sagt der Franke: „Lou mer mei Rouh!“

Bimbern

„Hobb, dämmer bimbern!“ („Komm, lass es uns machen!“), die direkte unmissverständliche Aufforderung, mit dem Wesentlichen, dem Geschlechtsakt, zu beginnen. „Rammln“ oder aus männlicher Sicht „eischnerbfln“ (*siehe S. 88*) sind weitere rustikale Varianten eines an sich schönen Vorgangs.

Bumberd

„Wennis Häzz bumberd“ (also „pocht“ oder „pumpt“), ist das ein erster Vorbote für bevorstehende Liebeswallungen. Wohnt die Angebetete im vierten Stock Altbau, kann es auch einen anderen Grund haben.

Bussln

Mit „a weng ummernander bussln“ („herumpoussieren“) geht es los. Kleine zarte Küsschen, gepaart mit diversen Streicheleien, möglichst kurz gehalten, denn der Franke will schnell zur Sache kommen.

Däddadädd

„Iich hobb a Däddadädd midder Schandall“ – was könnte das sein? Sie kommen nicht drauf! Denn er trifft sich mit Chantal, er hat ein Tète a Tète.

Diddn

Die Brüste (hier wörtlich „Titten“). „Hossdu däi/dänne ihre Diddn gseen?!“ – wenn das einem Franken in spontaner Erregung so heraus rutscht, ist das aber durchaus anerkennend gemeint, ob mit oder ohne Silikon-Unterfütterung. Alternative Begriffe sind Möbbs, Duddln, Diddler oder er spricht von „solche Gerääde“ und untermauert das visuell mit den Händen.

DER FRANKE SACHD – DER FRANKE MEINT

Iich mou nu mol ins Büro.	Ich treff heut abend eine Andere.
Naa, is hoddscho ircherzwäih bassd.	Die Nacht mit dir war furchtbar.
Iich ruufdi ircherz-wann oo, wenns zeidli bassd.	Ich werde mich bestimmt nicht mehr melden.
Mogsdann Kaugummi?	Du stinkst aus dem Mund!
Kummsdnu kozz midd naaf, blouß aaf a Gläsler?	Ich werde heute noch mit dir schlafen.
Wennzd däi Hoar nach hindn bindsd, gäihdz schonno.	Du musst dringend zum Friseur!
Du bissd hald wäihsd bissd.	Ich kann gar nicht alles aufzählen, was mich an dir stört.

Fränkischer Aufriss In Liebesdingen tut der Franke im Allgemeinen nicht lange herum. Er bevorzugt den kurzen geraden Weg. Sie begegnen sich, er sagt „Und wäi?“, sie antwortet „Bassd scho“ und dann ist man zusammen.

Eff zee Enn (1. FCN)

(*siehe „Glubberer“*).

Feecher

Der „Feecher“ oder auch „heiße Feecher“ ist eine Frau, die ein echter Hingucker und mit viel Temperament ausgestattet ist. Jedenfalls lässt sie nichts anbrennen.

Glubberer

Nirgendwo sonst liegen Liebe, Freud und Leid so eng nebeneinander wie beim „Glubberer“, dem Club-Fan. Unerschütterlich hält er seinem Verein die Treue, geht mit ihm Hand in Hand durch alle tiefen Täler bis zum bitteren Abstieg, um sich dann umso mehr wie-

Schdeller vuur, ezzer rauchi un saufi said 25 Joahr nimmer“ – „Dou schau her, nou koomerder gwiss zur Silberner Hochzaid graddduliern?“

der an den Höhenflügen dieser Traditionsmannschaft zu erfreuen, dem „Eff Zee Enn" („1. FC Nürnberg"). Und gälte es, sich zwischen Glubb und Partnerin zu entscheiden – die Frau hätte das Nachsehen.

Grambfhenner

Einer solchen Frau begegnet man eher ungern. Sie redet dummes Zeug und ist komplett uninteressant hinsichtlich erotischer Vorhaben.

Grembl

„Bagg dein Grembl zamm un machdi vom Agger!" („Pack deine Sachen und verschwinde!"), der finale Rauswurf, wenn die Liebe endgültig ihr Flüstern eingestellt hat. „Grembl" steht für eine abfällige Bewertung von Gegenständen jeglicher Art, ist also die negative Steigerung von „Zaich" („Zeug").

Gschnaggld

Wenn es „gschnaggld hodd", ist das der Startschuss für die frische Liebe, denn „gschnaggld" beschreibt den hormonerfüllten Erstimpuls zweier Menschen, die voneinander mehr wollen.

Naggerd – Naggerde – naggich

Ist er oder sie erst mal „naggich" („nackt"), ist Mann/Frau schon mal einen ganzen Schritt weiter. Es sei denn, die Enthüllung wirkt dann nicht bremsend (*siehe S. 50: „Wamberd“*).

Nehmnaus

„Deä hodd woss nehmnaus“, der geht fremd, der klassische Seitensprung. Für den Betrogenen „läffd woss nehmnaus“, heißt, es läuft was schief.

Oo, machdmi

Als glattes langgezogenes „O“ gesprochen, was nicht mehr wie „an“ bedeutet.
„Däi machdmi oo“ („die macht mich an“), damit beschreibt der Franke seinen inneren Zustand und die Hoffnung, das Objekt der Begierde möge ihm günstig gestimmt sein. Ist das der Fall, führt es zu einem „Däss machdmi fei oo“, („Das gefällt mir!“). Die Aufforderung an den Partner, sein Tun und Treiben fortzusetzen.

Schamöhr

Der Charmeur spielt in Franken eine untergeordnete Rolle, da hier die kurzen Wege bevorzugt werden. Entsprechend geringe Ansprüche stellt die Frau, sie kennt es ja nicht anders. Ein „Schamöhr“ ist schon, wer das Geplänkel mit den Worten „Du schausd haid goar ned ermol suu schlechd aus“ („Du gefällst mir heute ausgesprochen gut!“) einleitet.

Schdernschnubbn

Auch in Franken darf man sich etwas wünschen, wenn man eine sieht – die Sternschnuppe.

Schneggerla

Die Bezeichnung für ein nettes weibliches Wesen mit ansprechender Optik. „Schneggers“ verwendet man auch als Kosenamen. „Aafschneggln“ meint das „sich Herausputzen“.

Schdäih loun, hoddmi

Bedeutet, keine Chance mehr! Denn er/sie hat sie/ihn stehen lassen. Da hilft nur ein tröstend hinterher gesagtes „Nerja, deä/däi hodd eh nix dauchd“ („Naja, die war eh nichts für mich“), was dann meist jedoch halbherzig klingt.

Schnerbfl

oder Zibbfl, Schdrullermoo, Schdanger, der Glaa, der Gießer, mai Bessder. Des Mannes bestes Stück.

Woar

Hat die Frau ihre „Woar“, dann hat sie ihre Tage. Die „Woar“ stammt wohl aus einer Zeit, in der die Regel noch sehr abfällig tituliert wurde („Woar“ = „Zeug“).

Schau hiie, a Schdernschnubbn! Däffsder woss wünschn. Obber ned soong!
Dou wäri schee bläid...

DONNERWETTER

CRASHKURS

Red nicht so einen Blödsinn!
Spoarder dei Gwaaf!

Du bist ja verrückt!
Du hossdoch an Baddscher!

Wie du wieder aussiehst!
Schauermol hiie, wäihsd widder rum läffsd!

Mit dem fleckigen Hemd gehst du mir nicht weg!
Midd dämm dreggerdn Hemmerd koosd derhamm blaim!

Der gehört mal zurecht gerückt.
Dem ködd ermol suu richdich der Kubf gwaschn.

Verschwinde, sonst hau ich dir eine runter!
Schleichdi, sunsd griggsd a Drümmer Schelln!

Ich zeige dir gleich, wo es langgeht!
Iich zeichder glei, wouder Baddl in Mossd hulld!

Du weißt wohl nicht, was du da redest?
Hommsder ins Hirn gschissn?!

Mit dem will ich nichts zu tun haben!
Deä Doldi koomer gschdulln bleim!

Der Sohn geht mir aus dem Haus, wenn er nichts leistet!
Deä Bangert wennix dudd, nou schmaißin naus!

Ich bin Offline.
„Wenn deä Ai-Diie-Kaschber miiech ned endli gschaid sabbodded un main Ruuder zon Laafn bringd, nou kooi eibaggn." (wörtlich: „Wenn der IT-Berater mich nicht endlich vernünftig supportet und meinen Rooter zum Laufen bringt, dann kann ich einpacken").

Belfern, rum-/nai-

Wer „rumbelferd“ oder „naibelferd“, der schimpft und poltert pauschal und ungefragt über etwas – ohne zu genau zu wissen, ob das Aufgerege überhaupt seine Daseinsberechtigung hat. Ein Muss für jeden Franken! Mann, autofahrend: „Woss mou der sich ezzer dou vorbai zwänger, deä Debb!“ – Frau: „Däss woar doch a Noodazzd midd Blaulichd!“ – Mann: „Mir Woschd!“.

Bfliedschn

Ein sauertöpfisches Gesicht. Als „Bfliedschn“ bezeichnet man einen Gesichtsausdruck, der deutliche Missstimmung ausdrückt, mit einem Hauch Beleidigt-Sein. Eine „Bfliedschn“ wird gezogen, der Akteur „zäichd a Bfliedschn“. (*siehe S. 101: „mumbflerd“*).

Bissgurkn

Eine keifende, strenge Frau wird gerne als „Bissgurkn“ tituliert, egal, ob das Keifen seine Berechtigung hat oder nicht.

Bläidl

„Suu a Bläidl“ – so ein Blödmann. „Schauder dänn Bläidl oo!“, „Woss machd deä Bläidl scho widder?!“, „Däss sinndoch alles Bläidl!“. Unter der Rubrik „Bläidl“ wird pauschal erst mal ein Großteil der Mitmenschen einsortiert. Menschen, die man nicht kennt, die anders sind oder nicht nach dem Regelwerk handeln. Einen höheren Status muss sich die betreffende Person erst mal hart erarbeiten.

Eigsaud

„Hossdi widder eigsaud“ („eingesaut, vollgekleckert“) – ein Vorwurf, meist von Frau an Mann oder Kind gerichtet. Weil Mann so etwas gar nicht erst sieht und es dem Kind egal ist.

Dachdln

Bedeutet „versohlen“, „übers Knie legen“, also was man mit Kindern bei pädagogischer Überforderung hie und da tun will, aber nicht tun soll.

Debberlersverein

Es ist mit „Debberlersverein“ nicht zwingend ein Verein gemeint. Der Begriff wird multifunktional eingesetzt und gilt genauso für Behörden, für jedwede Gruppe oder Menschenansammlung, die einem nicht behagt. „Schauder den Debbelersverein oo“ („Schau dir diese Idioten an“) oder „Däss is scho a archer Debberlersverein“ („Das sind schon arge Deppen“).

Derbräisln

„Den hozz voll derbräisld!“ – wenn Sie diesen Satz hören, ist einem Menschen was zugestoßen. Allerdings

Zufriedene Franken Mit Zufriedenheit macht man sich bei uns Franken verdächtig. Denn ohne Jammern macht uns das Leben keinen Spaß. Wir brauchen einen gewissen Missmut. Früh aufstehen, das Fenster aufreißen und heraus plärren „Scheiß Weddä, Scheiß Regierung, Scheiß Ehe, Scheiß Benzinbreise!!" – so fängt beim Franken der Tag an. Die restlichen Stunden läuft er dann mit einem „mumbflerdn Gsicht" (einem „unmutigen Gesicht") herum. Franken ist glaube ich die einzige Gegend in Deutschland, wo Google Street View die Gesichter freiwillig heraus retuschiert.

wissen Sie dann noch gar nichts über den Härtegrad, mit dem das Schicksal zuschlug. „Derbräisld", deckt die Bandbreite vom verlorenen Schafkopf-Spiel bis hin zum schweren Unglück ab. Es lohnt also, zart nachzufragen. Aber wenn jemand verstorben ist, heißt es schlicht „Deä is hie".

Derenner/derennd/Derhuzzd

„Deä hozzi derennd" meint ähnlich dem „derbräisld" nichts Gutes, bezieht sich aber meist auf die Geschwindigkeit und deren Folgen. „Derenndi ned!" ist die Aufforderung, Gehetze zu vermeiden. Wenn sich einer „derhuzzd“ hat, hat er die Warnungen missachtet.

Drezzn

Beim „Drezzn“ ärgern sich junge Menschen untereinander. „Drezzn“ meint das genussvolle verbale Herumfingern in den Schwachstellen des Gegenübers. „Gell, hossders widder drezzd?!“ fragt die Mutter das Söhnchen, wenn die Schwester weinend zur Türe herein kommt.

Fodzn

„Fodzn“ sind Prügel. „Hobb, den fodzmer!“ verheißt für den Betroffenen nichts Gutes. „Mogsd a Fodzn?“ ist die höfliche Anfrage vor dem Vollzug, sie ist allerdings rein rhetorischer Natur.

Gaafer

Der Speichel. „Dir läffd ja scho deä Gaafer roo“ („Dir läuft ja schon der Speichel herunter“) sagt der Franke zu einem, der sich in Rage geredet hat. „Rumgaafern“ ist ein wildes Herumschimpfen.

Gaschdich

Meint garstig. Wer sich „gaschdich“ aufführt, benimmt sich daneben. Die Konsequenzen können eine „Schelln“ (*siehe S. 102*) oder eine „Fodzn“ (*siehe oben*) sein.

DONNERWETTER

Fränkisch Schimpfen richtig gemacht: Doldi

Da Franken viel zu schimpfen haben und dies auch genießen können, sind die Bezeichnungen unliebsamer Mitmenschen von vielfältiger Art. „Doldi" (vielleicht eine Kombination aus „Depp" und „Blödel") ist da noch die harmlose Einstiegsvariante. Über „Brunz-" („Piss-") oder „Fulldebb" („Volldepp"), „Kaschberkubf" („Kasparkopf"), „Bläide Sunner" („Blöde Sonne"), „Hirnheiner" (etwa: „hirnreduziert"), „Zibflschwinger" („Zipfelschwinger"), „Hundsgrübbl verregder" („Verreckter Hundskrüppel"), „Dreegsau" (Drecksau"), „Schbinner" („Spinner") und „alde Zulln" (etwa: „alte Schachtel") reichen da die Möglichkeiten fast bis ins Unendliche. Um das sprachliche Repertoire möglichst in Gänze auszuschöpfen, ziehen sich deshalb Streitereien entsprechend in die Länge.

DER FRANKE SACHD – DER FRANKE MEINT

Der Franke sachd	Der Franke meint
Naa naa, is scho in Oddnung, machner suu waider …	Gleich dreh ich durch …
Wenni ned suua gouder Sau wär, hauerdi dämm voll anne aaf sei Waffl!	Dem Depp gehört eine aufs Maul, aber ich traue mich nicht.
Nerja, wennzder gfälld, däss mousduu wissn.	Mir gefällt das gar nicht!
Waddner, dir zaichis!	Gleich lernst du mich kennen!
Hossdu kanne Aung im Kubf?!	Siehst du das nicht?!
Ezzer schdelldi ned suu oo, andre homm däss aa gmachd.	Sei kein Feigling!

Grambf

Wer einen „Grambf verzilld" („Krampf erzählt"), redet dummes Zeug. Man kann in Franken den „Grambf" auch machen – „Mach kanne Grämbf" heißt es dann.

Gschmagg

Der Geschmack. Sehr wichtig! Weil „Haubdsach, is schmeggd!". Hat jedoch etwas „a Gschmäggla", dann hat es einen faden Beigeschmack.

Louder ...

„Louder Zaid", „Louder nix gfalln". In diesem Kontext ist „louder ..." ein „lass dir." Ein „Louder" kann jedoch auch das „Luder" meinen, zum Beispiel bei „Däi is a rechdz Louder". Jedoch wenn man genau hinhört merkt man, dass da dann das Louder-„o" weniger betont wird.

Mumbflerd

Ist jemand „mumbflerd", dann ist er maulfaul und in negativer Grundstimmung.
Der macht dann auch ein entsprechend „mumbflerdes Gsichd". Oder er „zäichd a Bfliedschn" (*siehe S. 94*).

Naihauer

„Dou könndi naihauer!", („da könnte ich rein hauen"). Eher Ausdruck der Verzweiflung und Hilflosigkeit denn echter Absicht. Es ist der formulierte Wunsch, die Situation grundlegend ändern zu wollen, allerdings im Wissen, doch nichts ändern zu können.

Oaschluuch, bläidz

Das Arschloch verwendet der Franke recht großzügig. Ob gerechtfertigt oder nicht, ist weitgehend egal. Sei es, er fühlt sich von jemandem benachteiligt, sei es, er begreift sein Gegenüber nicht oder schwingt auf einer gänzlich anderen Wellenlänge. So ist derjenige dann einfach „a bläidz Oarschluuch".

Schdängern

„Rum schdängern" („rumstänkern"), die Steigerung vom „bfobfern", gehört bei manchen Franken zur verbalen Grundausstattung. Wer „schdängerd" provoziert und sucht den Stunk, den Streit bis hin zur handfesten, physischen Auseinandersetzung.

Schelln/Drümmer Schelln

Die „Schelln" ist die Watsche. Sie wird meist vorneweg freundlich angeboten („Iich kooder a Schelln oobietn ..."), der Vollzug „Dou hossdai Schelln", die „Drümmer Schelln" ist eins fester, also eine gehörige Watsche. Bekommt jemand mehrere Schelln in kurzer Abfolge, wird er schlicht „hergefozzd" (*siehe S. 97: „Fozzn"*), er bekommt „Schlääch". Aus Sicht des

Akteurs „közzn ned andersch!" („dem gehört es nicht anders"). „Koosd glei a Drümmer Schelln homm!" Ein beliebter Satz auf Kirchweihfesten zu vorgerückter Stunde.

Schleichdi, hobb!

„Hobb schleichdi" („Hau ab!") kann die letzte Warnung sein, bevor es zur Sache geht. Siehe „Schdängern" und „Schelln" (*siehe S. 102*).

Soddern

Für unzufriedenes Herumgemaule kennt der Franke viele Wörter. Einfach, weil er gerne und ausgiebig unzufrieden ist. „Soddern" ist das Bindeglied zwischen „schdängern" und „belfern". Wer „sodderd" macht demzufolge nichts anderes wie alle anderen Franken auch: er nörgelt herum.

Wadschnbaum

Wehe dem, wenn er fällt! Denn dann ist eine „Watsche" fällig. Meist wird er allerdings freundlicherweise nur angedroht. „Bass blouß aaf, glai fällder Wadschnbaum um!" („Pass nur auf, gleich gibt es eine Watsche!"; *siehe S. 102: „Schelln"*).

GEFLÜGELTE WORTE

CRASHKURS

Das ist doch ein alter Hut!
Däss is doch a alde Haggn!

Das halte ich im Kopf nicht aus!
Däss baggi fei ned!

Was darf es denn sein?
Woss gräingmern a weng?

Heute lassen wir mal Fünfe gerade sein.
Haid loumer in Hägodd an goudn Moo sei.

Wo soll es denn hin gehen?
Wou mäimern a weng hiie?

Darf es noch etwas mehr sein?
Däffs nu a weng mehr sei?

Was wollen Sie denn hier?
Woss wollmerner dou?

Wie ein Häufchen Elend ...
Wäih a brellder Fruusch ...

Beeil dich!
Eddz mach hald hie!

Schau dir diesen Blödmann an.
Schauder dänn Bläidl oo.

Die Ampel zeigt grün – fahr endlich los!
Grüner wäzz nimmer!

Da steckst du nicht drin!
Dou schdeggsd ned drinnner!

Ich bleibe noch auf.
Schloofn kooi wann andersch.

Ich hab dem eigentlich nichts getan!
Iich hobb nerblouß a weng hiie glangd!

Hast du dich wieder herum getrieben?
Hossd widder glumbd?

Lass die Finger davon!
Loudi Finger wech!

A Niggsler in amm Biggsler.

„Dou griggsd a Niggsler in amm Bigglsler“ (wörtlich: „Ein Nichtslein in einem Büchslein“) ist die ablehnende Reaktion auf einen unverhältnismäßigen Wunsch.

A Sunndooch ohne Gnieedler is ka Sunndooch.

Da sind wir wieder beim Essen. Und dass ein Sonntag ohne Klöße kein wahrer Sonntag ist, ist so selbstverständlich wie ein einsamer Kloß ohne Sonntag.

Bevuuri mi schloong lou ...

Bevor ich mich schlagen lasse ... tue ich es einfach, oder lasse es zu. Meist jedoch geht dem ein angenehmes Angebot voraus, es ist also blanke Koketterie. „Bevuuri mi schloong lou, nimmis als Gschenk oo“ („... nehme ich das als Geschenk an“).

Bläid gloffn ...

„Blöd gelaufen ...“ oder: das ging sich anders aus als gedacht.

Däss wäddscho wärrn.

Das wird schon werden: aufkeimende fränkische Hoffnung. „Däss wäddscho wärrn, sachd die Frau Kern, beider Horn is aa widder worrn“ – ein Standard-Sinnspruch, der leider zu oft nicht zutrifft. Sowohl

Frau Kern wie Frau Horn stehen hier für nähere Einzelheiten nicht zur Verfügung.

Däss war widder zwischer dunggl und siggsdmi nedd.
Man hat die Hand nicht vor Augen gesehen.

„Iich hobb gmaand, dai Gschäffd gäihd schlechd. Un ezzer siechidi dou hoggn midd Hummer un Kaviar?!" – „Däss schdimmd scho, obber fräihers hozz für mai Fraa aa nu glangd".

Deä is beinander wäih a Bäggla Resi.
Das sagt ein Nürnberger über einen erschöpften und antriebslosen Menschen. Der Ausdruck entstammt aus Nürnbergs Industriegeschichte. Die Vereinigten Margarine-Werke hatten als markantestes Produkt die „Resi Schmelz"-Margarine.

Deä issis Bäiderla aaf alle Subbn.
„Der ist die Petersilie auf allen Suppen" – gemeint ist ein Mensch, der auf allen Hochzeiten tanzt.

Deä schaud wäih a Acherla wenns blizzd.
Der schaut ziemlich dumm aus der Wäsche.

DER FRANKE SACHD – DER FRANKE MEINT

Edz mäihmersi obber schiggn!	Jetzt müssen wir uns aber beeilen!
Kumm lou blaim, däss wädd nix.	Laß es sein, das klappt nicht.
Wass wassnern iich?!	Was weiß denn ich?!
Schdelldi ned asuu oo!	Stell dich nicht so an!
Woddschainz binni zu bläid.	Ich begreife das nicht.
A weng a Ärwädd hoddnu kann gschood.	Etwas Arbeit hat noch keinem geschadet.
Wennz läffd, nou läffdz.	Wenn es läuft, dann läuft es.
Bläid gloffn.	Blöd gelaufen.

Dou gizz goar kann Baggers.

Das sagt jemand, der nichts anderes mehr zulässt. Es ist eine finale Feststellung, ohne jeden Spielraum. „Mir machn däss ersuu, dou gizz goar kann Baggers!". Warum ausgerechnet der „Baggers" (*siehe S. 58*) dafür herhalten muss, weiß niemand.

Dou häddi edz in Ox vo der Fleischbrüggn aa froong kenner.

Die Auskunft war äußerst unbefriedigend.

Dou haudzder doch in Vuuchl naus!

„Donnerwetter!"/„Das ist ja unglaublich!"/„Da haut es dir den Vogel raus!"

Dou homms gwiss widder kann Glännern gfundn.

Immer auf die Kleinen.

Dou schdeggsd ned drin.

Da kannst du nichts machen.

Dou zäichdsder is Hemmerd hindn nei!

Sauer macht nicht immer lustig. Und wenn dieser Satz fällt, dann war das Gericht einfach zu straff im Abgang, zu sauer oder schlicht ungenießbar.

Ezzer schaumer ermol.
„Wir werden sehen", ist ein verbaler Versuch, die Abläufe des Geschehens zeitlich zu strecken, in der Hoffnung, Zeit heilt Wunden oder hat zumindest Pflaster parat.

Iich bin aa ned auf deä Broodsubbn dahergschwummer.
„Ich bin auch nicht auf der Brotsuppe daher geschwommen", damit ist gemeint:
„Ich bin auch nicht auf den Kopf gefallen.

Jede Kouh leggd ihr Bamberla.
„Jede Kuh leckt ihre Kälbchen" – will sprechen, jede Mutter ergreift Partei für ihr Kind. Vergleichbar mit „Blut ist dicker als Wasser".

Fränkisch kreativ Franken sind ein kreatives Volk. Es gab auf dem Land einen Schützenverein, der mit dem Slogan warb „Schießen lernen – Freunde treffen". Und kürzlich begegnete mir an einer Baustelle ein Hygiene-Klo mit Werbeaufdruck, gekrönt vom Satz „Ihr Geschäft ist unser täglich Brot".

Läiwer in Moong verrenkd, wäi im Wädd woss gschenkd ...
„Lieber den Magen ruiniert („verrenkt"), als Essensreste zurückzulassen" („als dem Wirt etwas geschenkt"). Gelebte fränkische Sparsamkeit.

Woddschains binni z' bläid.
Ich begreife das einfach nicht.

Woss verzillsdn widder?!
Was redest du wieder für Zeug?

Zäschd kummer die Laid, und nou kummer die Frösch.
„Erst kommen die Leute, dann kommen die Frösche". Eine Ermahnung an den vorwitzigen Nachwuchs, doch bitte die Autorität der Erwachsenen zu respektieren.

Frau Dürer, däffder Bou zon schbilln roo?!
Naa, deä mou mooln!

Berühmte Franken Da gibt es so einige: Georg Simon Ohm zum Beispiel mit seinem Ohmschen Gesetz zur Leitfähigkeit von Metallen. Die Heisenbergsche Unschärferelation stammt von einem Franken, ebenso die Taschenuhr (Peter Henlein). Theodor zu Guttenberg schrieb in Franken seine Doktorarbeit ab, Ludwig Erhard schaffte es dagegen plagiatsfrei bis zur Kanzlerschaft. Dirk Nowitzki demonstriert fränkische Größe, Thomas Gottschalk ist ein gebürtiger Bamberger, Max Morlock eine Nürnberger Fußball-Legende. Lothar Matthäus beweist seit seinem Karriereende als Weltfußballer fränkische Sprachgewandtheit, Henry Kissinger stammt aus Fürth. Und was wäre der fränkische Hase ohne Albrecht Dürer? Und nicht zu vergessen die fleißige Marcharedd (Margarethe Engelhardt), die fast 50 Jahre lang auf dem Nürnberger Hauptmark ihren Gemüsestand hatte und der Laufkundschaft bei Wind und Wetter ihr „Woss braungmern haid?“ entgegenschmetterte. Ihr wurde sogar ein Bronze-Denkmal gesetzt.

100

FRÄNKISCH FÜR FORT-GESCHRITTENE

CRASHKURS

Auf so was musst du erst mal kommen!
Aaf suuwoss mousd äschd ermol kummer!

Den Popocatepetl würde ich auch noch gerne besteigen.
Aafn Bobbogadebeddl mecherdi aanu naaf.

Mann, lass den Rollo herunter.
Moo, lou in Rolloo roo.

Wir sind gleich zu Hause, dann kannst du meine Kleider bekommen.
Mir sinn glei derhamm, nou koosd meine Gleider hamm.

Ich muss noch Holzkohle kaufen.
Iich mounu Hulzkulln hulln.

Den Pappdeckel würde ich auch einpacken.
In Babberdeggl baggerdi aa ei.

Eine Ratte badet im Matsch.
A Razz boodsi im Läbberi.

Zuerst das Hühnerbein abnagen.
Zäschdis Buddlasbaa zulln.

Ich habe auch an einem Bein Krampfadern.
Iich hobb aa aaf amm Baa Grambfoodern.

Auf die Seite, Bub, da kommt ein Polizeiwagen!
Bou, gäih aafd Zeidn, dou kummder Dadüü Dadaa!

Wegen so einer Kleinigkeit rege ich mich nicht auf.
Weecher suu amm Bubberlasglumb machimi ned oo.

Die verschmutzte Strampelhose schmeiße ich weg.
Däi eigsaude Schdramblhuusn haui indi Donner.

Der Aufkleber klebt schlecht!
Is Bläbberla babbd ned!

Baafers

„Barfuß." Manche sagen auch „baaferzi", was mit „barfüßig" übersetzbar ist.

Bflunzn

„Suu a bläide Bflunzn" (etwa: „so eine blöde Kuh") setzt „Bflunzn" als Beleidgung ein. Wer dagegen „a Bflunzn zäichd", der schaut beleidigt drein (*siehe S. 94: „Bfliedschn"*).

Bfobfern

Am ehesten mit „nörgeln" zu übersetzen und verwandt mit dem „soddern" (*siehe S. 103*). Das Bfobfern kann in Franken durchaus als Volkssport bezeichnet werden.

Bfriiemln

Das mühsame kleinteilige Herumnesteln an einer Sache. „Woss bfriiemlsdn dou scho widder rum?"

Bodschamber

Abgeleitet aus dem Französischen „Pot de chambre" meint man mit „Boddschamber" einen Nachttopf.

Brechodelmannsquadschn

Um Ihre Irritation aufzulösen: die „Brechodelmannsquadschn" ist die Schellen-As beim in Franken hoch-

beliebten Schafkopf-Spiel. Sie kann auch als „Bumbl“ bezeichnet werden, oder man sagt „Iich schbill midder Schelln“. Die Grün-As dagegen ist „die Blaue“ („Midder Blauer, däih wädd schauer“). Ist die Eichel-As gemeint, spielt man „midder Aldn“.

Deez

Der Kopf. „Glai grichsd anne aafn Deez“ („gleich bekommst du einen auf den Kopf“).

Hedscherer

„Iich hobb ann Hedscherer“, einen Schluckauf. Ihn bekämpft der Franke gern mit einem weiteren Seidler Bier (*siehe S. 72*).

Rouwern

Schubkarre ist für den Franken ein zu umständliches Wort. „Rouwern“ kommt umstandslos über die Lippen.

Doudi ned oo

Wörtlich „tu dich nicht an“. Der Sinn dahinter: „Mach dir nichts draus!“. Es ist die Aufforderung, gelebte oder zumindest gespielte Gleichgültigkeit zu zeigen.

DER FRANKE SACHD – DER FRANKE MEINT

Koosdmer in Buggl nooruddschn!	Rutsch mir doch den Buckel runter!
Däss schdressdmi fei gschaid!	Das bereitet mir Streß!
Iich haumi numol a weng hiie.	Ich leg mich noch mal aufs Ohr.
Mir is haid a weng bläid.	Ich fühle mich nicht gut.
Aaf suuwoss mousd äschd ermol kummer!	Auf so was musst du erst mal kommen!
Däss baggi ja goar ned!	Das halte ich nicht aus!
Ircherzwäih hobbis kummer seeng.	Das war mir klar.
Is is, wäihs is.	Daran ist nichts zu ändern.

Druudscherla/Druudschn

Ein unbeholfenes weibliches Wesen. „Bissd scho a archs Druudscherla“ drückt aus, das Mädchen kriegt so gar nichts auf die Reihe.

Gambl

Die klassische Steinschleuder. Ältere Semester haben sie in ihrer Kindheit noch leidenschaftlich benutzt, sehr zur Freude der Haftpflichtversicherungen.

Glussderer

Wer Lust auf etwas hat, der hat „a Glussderer“, ihn „glussderdz“ nach was.

Goochern

„Iich goocher nu a weng rum“ – ein zielloses Suchen und herum kramen.
Das kann zu Hause sein, aber auch auf dem Flohmarkt.

Graudstampfer

Nicht sehr charmante Bezeichnung der Beine („Krautstampfer“). Stammt aus der Zeit, als das Sauerkraut in Bottichen noch mit den Füßen gestampft und dabei kräftige, um nicht zu sagen dicke Beine bevorzugt wurden.

Gscheiderla

Meint meist ein neunmalkluges Kind, vereinzelt wird es auch gegenüber Erwachsenen eingesetzt. „Gscheiderla" können sehr anstrengend sein.

Gnobbern

„Däss is viellaichd a Gnobbern!" sagt man zu einem kräftig-stämmigen Jungen.

Läbberie

Schlamm, Matsch, Pampe, Matschepampe. Von Kindern geliebt, ebenso von der Waschmittel-Industrie.

Läädscherd

Lasch, uninspiriert. Bei Speisen: zerkocht, matschig. „Ich fühlmi a weng läädscherd" – oft die Folgeerscheinung einer durchzechten Nacht.

Lumbers

„Du Lumbers, du". Liebevoll für Gauner. Wird bei Menschen verwendet, die sich in der Grauzone zwischen erlaubt und nicht mehr ganz so erlaubt bewegen.

Luschn

„Deä is scho suu a Luschn", heißt, mit dem ist so gar nichts anzufangen.

Däss is viellaichd a Gnobbern!
Nerja, dämm schmeggds hald!
W
Rodscher

Massder

Ursprünglich war damit nur der Meister in einem Betrieb gemeint. Ein Franke setzt „Massder" aber auch gerne als warnende Unterstreichung ein, im Sinne von „Mein Lieber". „Horch ermol, Massder ...", „Massder, suu gäihdz fei ned!".

Razz

Die Ratte. Mehzahl „Razzn". Wobei „razzn" auch für „schlafen" eingesetzt wird. „Deä razzd nu" – „der schläft noch".

Un zwar

„Un zwar" dient der Zeitgewinnung und wird grammatikalisch komplett falsch eingesetzt. „Iich häddermol a Frooch, un zwar iich hobb doch bei Ihner däss Buch kaffd ..." (wörtlich: „ich hätte mal eine Frage, und zwar ich hab doch bei Ihnen das Buch gekauft ..."). Hier wird auch deutlich, dass sich ein Franke gerne im unkonkreten Konjunktiv bewegt. Er hätte eine Frage, nicht er hat.

Zwei Frauen unterhalten sich. „Du horch, ich foahr näggsde Wochn zum Babsd." – „Woss willsdn dou?" – „Iich will dem sein Sehng." – „Und du maansd, der zeichder den?!"

KANNST DU'S MIT DEN FRANKEN?

1. Wenn der Franke schdrullerd, dann ...

a) geht er auf die Toilette
b) hat er eine Glückssträhne
c) beschummelt er beim Schafkopf-Spiel

2. Ist der Franke hochzufrieden, äußert er das mit ...

a) Mensch, gäihdz mir goud!
b) Bassd scho!
c) Haid binni widder goud draff!

3. „Deä hodd an Badscher" bedeutet ...

a) der schlägt sie alle
b) der sitzt in der Patsche
c) der spinnt

4. Was ist ein „Gnärzler"?

a) ein zickiges Kind
b) das Brotende
c) das Knarzen eines Dielenbodens

5. Wenn ein Franke „baafers daher kummd", dann ...

a) hinkt er
b) hat er kein Geld
c) ist er barfuß